"그러면 너희가 무슨 **침례**를 받았느냐?"

(사도행전 19장 3절)

정용길 박사 지음

목   차

머 리 말

사도행전은 사도들의 행적을 기록한 책입니다. 우리는 사도행전을 읽을 때마다 예수님을 핍박하던 사울이 그분의 위대한 사도로 변화되는 드라마틱한 장면에서 큰 감동을 받습니다. 바울은 예수 그리스도의 사도가 된 후에 평생 동안 생명의 위협을 무릅쓰고 수많은 사람들에게 예수 그리스도의 복음을 전했습니다.

사도행전 19장은 사도 바울이 어떤 복음을 전했는지 보여줍니다. 3차 전도여행중인 사도 바울은 에베소지방에 이르렀을 때 이미 예수님을 믿고 있는 몇몇 제자들을 만나자 너무 반가워서 물었습니다.

> 1. 아볼로가 고린도에 있을 때에 바울이 윗 지방으로 다녀 에베소에 와서 어떤 제자들을 만나 2. 가로되 너희가 믿을 때에 성령을 받았느냐 가로되 아니라 우리는 성령이 있음도 듣지 못하였노라 3. 바울이 가로되 그러면 너희가 무슨 세례를 받았느냐 대답하되 요한의 세례로라 4. 바울이 가로되 요한이 회개의 세례를 베풀며 백성에게 말하되 내 뒤에 오시는 이를 믿으라 하였으니 이는 곧 예수라 하거늘 5. 저희가 듣고 주 예수의 이름으로 세례를 받으니

바울은 먼저 그들에게 '너희가 예수님을 믿을 때에 성령을 받았느냐'고 물었습니다. 다시 바울이 그들에게 했던 질문이 바로 이 책의 제목입니다. "그러면 너희가 무슨 세례를 받았느냐" 그들은 이미 요한의 세례를 받은 신자들이었습니다. 바울은 이미 세례를 받은 예수님의 제자들에게 다시 세례를 받으라고 했습니다. 바울이 전하는 복음을 들은 그 제자들은 즉시 순종하여 다시 세례를 받았습니다. 에베소에서 복음을 전할 때 했던 사도 바울의 질문들은 지금도 예수 그리스도의 복음을 전하는 사람이나 듣는 사람들에게 여전히 유효합니다.

신약성경에서 '세례'라는 단어는 101번이나 기록되었습니다.

예수님은 세례를 받으심으로 공생애를 시작하셨고, 사도들을 모든 사람들에게 보내실 때 모든 사람들을 제자로 삼아 세례를 주라는 최고의 명령을 하심으로 공생애를 마치셨습니다.

열두 사도들, 사도 바울, 그리고 집사였던 빌립을 포함하여 초대교회의 모든 전도자들도 복음을 듣고 믿는 사람들에게 세례를 주었습니다.

　바울은 예수님의 신실한 제자인 아나니아에게서 세례를 받았고, 사도가 된 후 갈라디아, 고린도, 에베소, 골로새 등에서 복음을 전할 때 수많은 신자들에게 세례를 주었습니다. 사도 바울은 예수님을 믿고 세례를 받을 때 예수 그리스도의 죽음과 장사에 연합한다고 가르쳤습니다. 이와 같이 세례는 예수 그리스도의 복음에서 아주 중요한 주제요 복음에 연합되기 위해 필수적인 주제로 강조되었음을 볼 수 있습니다.

　이 책은 세례에 관한 성경적인 가르침을 상세하게 보여드릴 것입니다.

　교파의 창시자(사람)의 교리나 교파의 유전·전통보다 기록된 하나님의 말씀을 앞세우고 따른다면 복음에서 세례가 어떤 의미를 갖는지를 귀하도 깨닫게 되실 것이라고 확신하면서 이 책을 권해 드립니다.

1. 예수님을 믿으면 되지 세례가 뭐 그리 중요한가요?

예수님을 믿고 열심히 신앙생활을 하시는 분들 중에 많은 분들이 '믿으면 구원받는 것이지 꼭 세례를 받아야 구원을 받는 것은 아니다. 중요한 것은 믿음이지 세례가 아니다'라고 주장합니다.

믿음이 중요하다는 주장은 물론 맞는 말이라고 믿습니다.
그런데 '믿음이 중요하다'는 말은 진리를 믿는 믿음이 중요하다는 말이라고 봅니다. 단순히 믿는다는 것이 중요한 것이 아니라 무엇을 믿느냐가 정말로 중요한 것이 아니겠습니까?
우리는 영생을 얻으려면 좁은 문과 좁은 길을 발견하고 그리로 들어가라고 하신 산상수훈의 말씀을 알고 있습니다. 또 예수 이름으로 수많은 기적을 행하는 선지자들 중에도 영생으로 인도하지 않는 많은 거짓 선지자들이 있다고 가르치신 말씀을 읽고 있지 않습니까?
사도 바울은 고린도교회가 다른 예수와 다른 복음을 받아들이는 것을 보고 강하게 책망했습니다(고후 11:2-3,13-15). 또 갈라디아교회에게는 사도 바울이 처음에 전했던 복음과 다른 복음을 전하면 사도들 자신이나 천사들이나 그 누구든지 저주를 받으라는 엄한 명령까지 하였습니다(갈 1:6-10). 그리고 교회사를 보면 심판을 받을 것이라고 사도들이 경고했던 수많은 이단들이 일어났었고, 지금도 많은 이단들이 있다고 봅니다.
많은 교회 지도자들이나 신자들은 자신도 이러한 경고에 해당될 수 있다는 생각은 거의 하지 않고 다른 이들이나 해당된다는 생각으로 비판을 위한 증거로 즐겨 사용하고 있는 현실입니다.

그렇다면, 성경을 믿는다는 것 즉 예수님을 믿는다는 것은 구체적으로 무엇을 의미하는 걸까요? 그것은 예수 그리스도를 하나님의 아들이시며, 우리의 죄를 대신 지신 어린양이시라고 믿고, 예수께서 가르치신 복음을 믿는다는 것을 의미한다고 봅니다. 즉 말씀을 믿는다는 것은 주 예수님과 예수께서 가르치신 복음을 성경에 기록된 대로 믿는다는 것입니다.

성경은 예수님을 믿지 않으면 구원을 받을 수 없다고 증거합니다.

예수 그리스도께서 우리에게 죄사함과 거듭남을 주시겠다고 약속하셨고 그 약속(언약)을 복음이라 합니다. 따라서 예수 그리스도의 약속인 복음이 구체적으로 무엇인지 바로 알아야 바로 믿을 수가 있지 않겠습니까?

따라서 세례가 중요한지 아닌지에 대해서 알기 위해서는 먼저 예수님이 가르치고 사도들이 전한 복음을 성경으로 살펴보아야 합니다.

예수 그리스도의 복음에서 세례를 어떻게 가르치고 있는지, 복음에서 세례가 얼마나 중요한지에 관해서 올바로 알려면 사람들의 주장을 뒤로 하고 기록된 성경 말씀을 상고해 보아야 합니다.

1.1. 너희는 주의 길을 예비하라

하나님께서 예수 그리스도에 앞서 보내신 세례 요한은 아주 중요하고 놀라운 역할을 담당합니다. 하나님께서는 "주의 길을 예비하고 그의 첩경을 평탄케 하라"고 세례 요한을 부르셨고 또한 사용하셨습니다(막 1:1-5). 그러면, 세례 요한은 주님의 길을 어떻게 예비하였을까요?

1. 하나님의 아들 예수 그리스도 복음의 시작이라 2. 선지자 이사야의 글에 보라 내가 내 사자를 네 앞에 보내노니 저가 네 길을 예비하리라 3. 광야에 외치는 자의 소리가 있어 가로되 너희는 주의 길을 예비하라 그의 첩경을 평탄케 하라 기록된 것과 같이 4. 세례 요한이 이르러 광야에서 죄 사함을 받게 하는 회개의 세례를 전파하니 5. 온 유대 지방과 예루살렘 사람이 다 나아가 자기 죄를 자복하고 요단강에서 그에게 세례를 받더라 (마가복음 1장)

세례 요한은 '죄사함을 얻게 하는 회개의 세례'를 전파하였고, 온 유대 지방과 예루살렘 사람들이 다 (자기 죄를 자복하고) 그에게 세례를 받았습니다. 주의 길을 예비한다는 것은 바로 사람들에게 세례를 받게 하여 그들을 예수님께 보내는 것이라고 증거합니다. 하나님께서 세례 요한에게 주신 사명은 어떤 기적을 행하는 것이 아니라 사람들을 회개시켜 세례를 받게 하고, 그들을 예수 그리스도께로 보내는 것이었습니다.

세례 받은 사람들을 예수 그리스도 앞으로 인도하는 사명을 감당했던 세례 요한은 예수 그리스도께 세례를 줌으로써 더욱 놀라운 사명을 감당합니다. 세례 요한은 예수님께 세례를 줌으로써 그분이 하나님의 메시야(그리스도)이심을 온 이스라엘에 선포했습니다.

29. 이튿날 요한이 예수께서 자기에게 나아오심을 보고 가로되 보라 세상 죄를 지고 가는 하나님의 어린 양이로다 30. 내가 전에 말하기를 내 뒤에 오는 사람이 있는데 나보다 앞선 것은 그가 나보다 먼저 계심이라 한 것이 이 사람을 가리킴이라 31. 나도 그를 알지 못하였으나 내가 와서 물로 세례를 주는 것은 그를 이스라엘에게 나타내려 함이라 하니라 32. 요한이 또 증거하여 가로되 내가 보매 성령이 비둘기 같이 하늘로서 내려와서 그의 위에 머물렀더라 33. 나도 그를 알지 못하였으나 나를 보내어 물로 세례를 주라 하신 그이가 나에게 말씀하시되 성령이 내려서 누구 위에든지 머무는 것을 보거든 그가 곧 성령으로 세례를 주는 이인줄 알라 하셨기에 34. 내가 보고 그가 하나님의 아들이심을 증거하였노라 하니라 (요한복음 1장)

세례 요한은 예수님에게 세례를 줌으로써 그분이 하나님의 아들 메시야(그리스도)이며, 뿐만 아니라 하나님의 어린양이심을 선포했습니다. 세례 요한은 세례를 통해서 죄인들을 메시야에게로 인도하였을 뿐만 아니라, 죄인들을 구원하기 위해서 오신 그리스도/메시야를 세상에 나타낼 때도 세례를 주어서 그분을 온 세상의 구원자로 공포한 것입니다. 세례를 받기 위해 예수님은 갈릴리에서 요단강까지 아주 먼 길을 여행하셨습니다. 그 이유는 하나님의 의를 이루기 위해 가장 위대한 종 세례 요한에게 세례를 받으시고 메시야로서 공생애를 시작하시기 위해서였습니다.

하나님의 명령을 따른 요한의 사역은 사람들에게 세례를 주는 것이었고 (마 21:25; 눅 7:29; 요 1:33), 예수 그리스도께서도 요한에게 세례 받으신 후에야 공생애를 시작하셨으니 세례는 참으로 중요한 것입니다.

요한의 사명이 이처럼 중요했기에 예수님은 세례 요한을 가리켜 "내가 진실로 너희에게 말하노니 여자가 낳은 자 중에 세례 요한보다 큰 이가 일어남이 없다"라고 증거하셨습니다(마 11:11).

13. 이때에 예수께서 갈릴리로서 요단강에 이르러 요한에게 세례를 받으려 하신대 14. 요한이 말려 가로되 내가 당신에게 세례를 받아야 할 터인데 당신이 내게로 오시나이까 15. 예수께서 대답하여 가라사대 이제 허락하라 우리가 이와 같이 하여 모든 의를 이루는 것이 합당하니라 하신대 이에 요한이 허락하는지라 16. <u>예수께서 세례를 받으시고</u> 곧 물에서 올라 오실쌔 하늘이 열리고 하나님의 성령이 비둘기 같이 내려 자기 위에 임하심을 보시더니 (마태복음 3장)

예수님은 죄가 없으신 하나님의 아들이십니다. 예수님이 어떤 분이신지 아는 세례 요한은 자기에게 세례를 받으러 오시는 예수님에게 "내가 당신에게 세례를 받아야 할 터인데 당신이 내게로 오시나이까"라고 말합니다. 그러자 예수님은 자신이 세례를 받는 것이 모든 의를 이루는 합당한 일이라고 대답하시며 세례 요한에게 세례를 받으신 것입니다.

예수께서 세례 요한을 가리켜 '여자가 낳은 자 중에 가장 큰 자'라고 말씀하신 이유는 요한이 사람들에게 '죄사함을 얻게 하는 회개의 세례를 주어 예수께로 인도했기 때문입니다. 세례 요한을 중요한 인물로 본다면 그가 선포한 세례 역시 중요한 것이라고 보아야 합니다. 세례는 주의 길, 즉 메시야이신 예수 그리스도의 길을 예비하는 것이었습니다. 그 세례를 통해 죄인들이 메시야인 예수 그리스도께로 인도된 것입니다.

1.2. 너희는 가서 모든 족속으로 제자를 삼아 세례를 주고

세례 요한에게 세례를 받으신 후 예수님은 제자들과 함께 유대 땅으로 가셔서 사람들에게 세례를 주셨습니다.

22. 이 후에 예수께서 제자들과 유대 땅으로 가서 거기 함께 유하시며 세례를 주시더라 23. 요한도 살렘 가까운 애논에서 세례를 주니 거기 물들이 많음이라 사람들이 와서 세례를 받더라 24. 요한이 아직 옥에 갇히지 아니하였더라 25. 이에 요한의 제자 중에서 한 유대인으로 더불어 결례에 대하여 변론이 되었더니 26. 저희가 요한에게 와서 가로되 랍비여 선생님과 함께 요단강 저편에 있던 자 곧 선생님이 증거하시던 자가 세례를 주매 사람이 다 그에게로 가더이다 (요한복음 3장)

예수님께서 공생애를 시작하시면서 하신 일도 그 복음을 믿는 자들에게 세례를 주는 것이었습니다. 세례의 의미가 무엇이기에 예수께서도 친히 세례를 받으심으로 공생애를 시작하셨을 뿐만 아니라 공생애 사역에서 수많은 사람들에게 세례를 주게 하셨을까요? 세례가 중요하지 않다면 예수님이 친히 세례를 받으시고 또 사람들에게 세례를 주라고 명하셨을까요?

공생애 동안에 예수님은 수많은 기적을 행하시고 복음을 전파하셨습니다. 그리고 예수님은 죄인들을 대신해서 십자가에서 돌아가시고, 장사되시고, 성경대로 3일 만에 부활하셨고, 부활 후 40일 후에 제자들과 함께 계시다가 수많은 제자들이 보는 가운데 승천하셨습니다. 마태복음 28장에는 공생애를 마치고 승천하시기 직전에 예수께서 제자들에게 내리신 위대한 명령이 기록되어 있습니다.

> 16. 열 한 제자가 갈릴리에 가서 예수의 명하시던 산에 이르러 17. 예수를 뵈옵고 경배하나 오히려 의심하는 자도 있더라 18. 예수께서 나아와 일러 가라사대 하늘과 땅의 모든 권세를 내게 주셨으니 19. 그러므로 너희는 가서 모든 족속으로 제자를 삼아 아버지와 아들과 성령의 이름으로 세례를 주고 20. 내가 너희에게 분부한 모든 것을 가르쳐 지키게 하라 볼찌어다 내가 세상 끝 날까지 너희와 항상 함께 있으리라 하시니라 (마태복음 28장)

예수님은 제자들에게 "내가 너희에게 분부한 모든 것을 가르쳐 지키게 하라"고 명령하셨습니다. 그렇다면 '내가 너희에게 분부한 모든 것'은 무엇일까요? 사도들은 그것이 무엇인지 알고 있었습니다. 그리고 누구든지 진실한 마음으로 성경을 살펴보면 그것이 무엇인지 알 수 있습니다.

이때 예수님은 '내가 너희에게 분부한 모든 것'들 중에서 특별히 한 가지를 구체적으로 말씀하셨습니다. 그것은 바로 '모든 족속으로 제자를 삼아 (아버지와 아들과 성령의 이름으로) 세례를 주라'는 명령입니다.

왜 예수님은 그 모든 것들 중에서 오직 '세례를 주라'는 명령만은 구체적으로 말씀하셨을까요? 예수님께서 이렇게까지 명령하셨는데도 세례가 중요하지 않다고 말할 수 있을까요? 같은 상황을 기록한 마가복음에서도 마찬가지로 세례가 얼마나 중요한지를 분명하게 보여줍니다.

15. 또 가라사대 너희는 온 천하에 다니며 만민에게 복음을 전파하라 16. 믿고 세례를 받는 사람은 구원을 얻을 것이요 믿지 않는 사람은 정죄를 받으리라 (마가복음 16장)

예수님은 제자들에게 만민에게 '복음을 전파하라'고 명령하셨습니다.

그러면 우리가 받아야 할 '복음'이란 구체적으로 무엇일까요? 그것은 바로 '믿고 세례를 받는 사람은 구원을 얻을 것이요'이라는 사실을 누구든지 알 수 있습니다. 여기서도 예수님은 복음 중에서 특별히 '세례'를 구체적으로 언급하셨습니다. 마태복음 28장과 마가복음 16장은 참된 복음에서 세례가 얼마나 중요한지를 분명하게 보여주고 있습니다.

세례 요한에게 친히 세례를 받으신 예수님은 세례를 주심으로 공생애를 시작하셨으며 모든 족속을 제자로 삼아 세례를 주라는 명령을 하심으로, 그리고 믿고 세례를 받는 사람은 구원을 얻을 것이라고 약속하심으로써 공생애를 마치셨습니다. 이것만으로도 우리는 예수 그리스도의 복음에서 세례가 얼마나 중요한지를 충분히 알 수 있습니다.

1.3. 너희가 회개하여 각각 예수 그리스도의 이름으로 세례를 받고 죄사함을 얻으라

마태복음 16장에서 예수님께서 베드로에게 천국 열쇠를 주시며 "내가 이 반석 위에 내 교회를 세우리니"라고 말씀하셨습니다.

15. 가라사대 너희는 나를 누구라 하느냐 16. 시몬 베드로가 대답하여 가로되 주는 그리스도시요 살아계신 하나님의 아들이시니이다 17. 예수께서 대답하여 가라사대 바요나 시몬아 네가 복이 있도다 이를 네게 알게 한 이는 혈육이 아니요 하늘에 계신 내 아버지시니라 18. 또 내가 네게 이르노니 너는 베드로라 내가 이 반석 위에 내 교회를 세우리니 음부의 권세가 이기지 못하리라 19. 내가 천국 열쇠를 네게 주리니 네가 땅에서 무엇이든지 매면 하늘에서도 매일 것이요 네가 땅에서 무엇이든지 풀면 하늘에서도 풀리리라 하시고 (마태복음 16장)

베드로에게 천국 열쇠를 주셨다는 것은 베드로를 통해서 천국 복음을 전하시겠다는 것입니다. 위대한 고백을 한 시몬을 예수께서 자신의 가장 중요한 사도로 세우시는 놀라운 선언입니다.

예수님의 이 말씀이 얼마나 정확하게 성취되었는지를 사도행전이 보여줍니다. 사도행전 2장은 교회가 시작된 날에 있었던 사건, 예루살렘에서 최초로 교회가 세워지는 과정을 아주 생생하게 보여줍니다. 세례 요한의 세례를 받은 후 예수님께 속한 세례를 다시 받은 120여 명의 제자들이 다락방에 모여 기도하고 있었던 날은 오순절 명절날이었고(행 2:1) 그들이 모두 성령을 받았습니다(행 2:4). 그리고 오순절 명절을 기념하려고 예루살렘에 모여 들었던 수많은 유대인들이 이 사건을 보고 놀라게 됩니다(행 2:7). 그러자 베드로가 열한 사도와 같이 서서 유대인들과 예루살렘의 모든 사람들에게 예수 그리스도와 복음에 관해서 선포합니다(행 2:14).

> 36. 그런즉 이스라엘 온 집이 정녕 알찌니 너희가 십자가에 못 박은 이 예수를 하나님이 주와 그리스도가 되게 하셨느니라 하니 37. 저희가 이 말을 듣고 마음에 찔려 베드로와 다른 사도들에게 물어 가로되 형제들아 우리가 어찌할꼬 하거늘 38. 베드로가 가로되 너희가 회개하여 각각 예수 그리스도의 이름으로 세례를 받고 죄 사함을 얻으라 그리하면 성령을 선물로 받으리니 39. 이 약속은 너희와 너희 자녀와 모든 먼데 사람 곧 주 우리 하나님이 얼마든지 부르시는 자들에게 하신 것이라 하고 40. 또 여러 말로 확증하며 권하여 가로되 너희가 이 패역한 세대에서 구원을 받으라 하니 41. 그 말을 받는 사람들은 세례를 받으매 이 날에 제자의 수가 삼천이나 더하더라 (사도행전 2장)

베드로의 설교를 듣고 사람들은 예수가 주와 그리스도이심을 알게 되었습니다. 베드로의 설교를 듣고 믿음이 생긴 사람들이 마음이 찔려 그러면 이제 어떻게 해야 구원을 받느냐고 질문합니다. 베드로는 '너희가 회개하고 각각 예수 그리스도의 이름으로 세례를 받으라. 그러면 죄사함을 얻을 것이라'고 대답했습니다. 천국 열쇠를 받은 사도 베드로는 '이 약속은 너희와 너희 자녀와 모든 먼 데 사람 곧 주 우리 하나님이 얼마든지 부르시는 자들에게 하신 것'이라고 선포했습니다.

베드로와 열한 사도는 '모든 족속을 제자로 삼아 세례를 주라'는 예수님의 최후명령을 그대로 순종했습니다. 따라서 이 약속은 시간과 공간을 뛰어넘어 모든 족속 즉 만민에게 주신 약속이라는 말입니다. 이 약속에 해당되지 않는 사람은 아무도 없다는 선언입니다.

'너희가 이 패역한 세대에서 구원을 받으라'는 예수님의 약속과 명령을 받는 사람들은 모두 세례를 받았습니다. 그런데 그 수가 무려 삼천이나 되었다고 합니다. 세례가 얼마나 중요하기에 그날 하루 만에 삼천 명이나 세례를 받았을까요?

천국 열쇠를 받은 베드로는 마태복음 28장의 '모든 족속으로 제자를 삼아 세례를 주라'는 지상명령에 순종하였는데 마가복음 16장의 '믿고 세례를 받는 사람은 구원을 얻을 것이요'라는 약속을 따라 선포한 것입니다. 세례가 중요하다는 사실은 예수께서 사도들에게 말씀하신 또 다른 말씀에 더욱 명백하게 기록되어 있습니다.

19. 이날 곧 안식 후 첫날 저녁 때에 제자들이 유대인들을 두려워하여 모인 곳에 문들을 닫았더니 예수께서 오사 가운데 서서 가라사대 너희에게 평강이 있을찌어다 .. 22. 이 말씀을 하시고 저희를 향하사 숨을 내쉬며 가라사대 성령을 받으라 23. 너희가 뉘 죄든지 사하면 사하여질 것이요 뉘 죄든지 그대로 두면 그대로 있으리라 하시니라 (요한복음 20장)

이미 앞에서 설명했듯이 마태와 마가와 누가, 요한은 예수님의 지상명령을 기록할 때 각각 다른 관점에서 기록했기에 이 네 기록들을 모아보면 더 확실한 세례의 모습이 보입니다. 사도 요한은 '너희가 누구의 죄든지 사하면 사하여질 것이요 뉘 죄든지 그대로 두면 그대로 있으리라'라고 주 예수께서 말씀하신 것을 기록했습니다. 사도 베드로와 요한은 예수님의 말씀을 정확하게 이해했습니다. 누구든지 회개하고 세례를 받으면 죄사함을 얻는다는 예수님의 복음을 이해했고, 그 복음을 정확하게 전파한 것입니다. 천국 열쇠를 받은 베드로가 교회의 첫 날에 예루살렘에서 선포한, '너희가 회개하여 각각 예수 그리스도의 이름으로 세례를 받고 죄 사함을 얻으라'는 복음은 예수님의 명령이었습니다. 이 약속(언약)은 3천 명 뿐만 아니라 모든 믿는 자들에게 주신 약속입니다.

1.4. 예루살렘과 온 유대와 사마리아와 땅 끝까지 이르러

승천하시기 전에 예수님은 제자들에게 '오직 성령이 너희에게 임하시면 너희가 권능을 받고 <u>예루살렘과 온 유대와 사마리아와 땅 끝까지</u> 이르러 내 증인이 되리라'라고 말씀하셨습니다.

> 오직 성령이 너희에게 임하시면 너희가 권능을 받고 예루살렘과 온 유대와
> 사마리아와 땅 끝까지 이르러 내 증인이 되리라 하시니라 (사도행전 1:8)

'예루살렘과 온 유대와 사마리아와 땅 끝'은 '온 세상' 또는 '모든 족속' '만민'을 의미하는 표현입니다. 하나님의 시각으로 볼 때 예루살렘이 온 세상의 중심이고, 그 다음이 온 유대이며, 이어 사마리아와 모든 이방의 땅으로 이어집니다(신 11:12; 왕상 11:36). 모든 민족들은 선민(유대인), 이방인과 이들 사이에 위치한 사마리아인으로 구별됩니다. 예수님의 말씀대로 사도들은 예루살렘과 온 유대와 사마리아와 땅 끝까지 이르러 이 언약의 복음을 전하라는 지엄한 명령에 복종했습니다.

예루살렘에서 복음이 전파되는 것을 사도행전 2장에서 살펴보았습니다. 사도행전 3장~7장은 온 유대 땅에서 복음이 전파되는 과정을 기록하고 있습니다. 사도행전 8장은 유대인과 이방인의 혼혈족인 사마리아 사람들에게 복음이 전파되는 과정을 기록하고 있습니다.

> 3. 사울이 교회를 잔멸할쌔 각집에 들어가 남녀를 끌어다가 옥에 넘기니라
> 4. 그 흩어진 사람들이 두루 다니며 복음의 말씀을 전할쌔 5. 빌립이 사마리
> 아 성에 내려가 그리스도를 백성에게 전파하니 (사도행전 8장)

예수님을 믿지 않는 유대교 신자들로부터 예루살렘교회에 큰 핍박이 일어났고, 그로 인해서 사도들을 제외한 제자들이 사마리아와 여러 곳으로 흩어지게 됩니다. 이 잔혹한 핍박의 중심에 초대교회의 최고 지도자가 된 사울이 있었다는 사실은 놀랍습니다(행 7:58; 26:10). 제자들 중 하나인 빌립이 사마리아에 내려가 그리스도와 복음을 백성들에게 전파했습니다. 빌립은 사마리아 성에서 어떤 복음을 전했을까요?

12. 빌립이 하나님 나라와 및 예수 그리스도의 이름에 관하여 전도함을 저희가 믿고 남녀가 다 세례를 받으니 13. 시몬도 믿고 세례를 받은 후에 전심으로 빌립을 따라 다니며 그 나타나는 표적과 큰 능력을 보고 놀라니라 14. 예루살렘에 있는 사도들이 사마리아도 하나님의 말씀을 받았다 함을 듣고 베드로와 요한을 보내매 (사도행전 8장)

빌립이 사마리아 성에서 전파한 복음은 베드로와 열한 사도가 예루살렘에서 전파한 것과 다르지 않습니다. 빌립은 하나님의 나라와 예수 그리스도의 이름에 관해서 전파했습니다. 그가 전하는 복음을 듣고 믿은 남녀 사마리아인들이 '다' 세례를 받았습니다. 사마리아 신자들 중 믿기만 한 신자는 하나도 없었습니다. 빌립은 예수님이 분부하신 것, 베드로와 열한 사도가 전한, '믿고 세례를 받는 사람은 구원을 얻을 것이요', '너희가 각각 회개하고 예수 그리스도의 이름의 세례를 받고 죄사함을 얻으라'는 동일한 복음을 전했습니다. 이후에 베드로와 요한이 사마리아에 파송되었고 하나님께서 이 복음을 성령을 부어주심으로 확증하셨습니다.

사마리아 성에서 베드로와 열한 사도가 전한 것과 같은 복음을 전하고 많은 이들에게 세례를 준 빌립은 성령의 인도하심을 따라 광야로 내려가 이디오피아의 내시를 만나 동일한 복음을 전하게 됩니다.

35. 빌립이 입을 열어 이 글에서 시작하여 예수를 가르쳐 복음을 전하니 36. 길 가다가 물 있는 곳에 이르러 내시가 말하되 보라 물이 있으니 내가 세례를 받음에 무슨 거리낌이 있느뇨 37. (없음) 38. 이에 명하여 병거를 머물고 빌립과 내시가 둘 다 물에 내려가 빌립이 세례를 주고 (사도행전 8장)

광야에서 빌립이 내시를 만났고, 다시 만날 기약이 없는 짧은 만남이었기에 죄 사함을 받게 하는 기회를 놓치지 않았습니다. 선지자 이사야의 글을 읽고 있던 내시에게 다가간 빌립이 예수님과 구원의 복음을 가르치며 전합니다. 예수님에 관해서 무엇을 전했을까요? 분명한 사실은 여기서도 믿는 자가 세례를 받으면 죄에서 구원을 얻는다는 복음을 전했다는 것입니다. 내시는 그 복음을 믿고 세례를 받기를 원했고, 물 있는 곳에 이르자 지체 없이 빌립에게 세례를 받았습니다.

세례는 만왕의 왕이신 예수께서 주신 지상명령입니다. 복음이 전파될 때는 언제나 세례가 전파되었습니다. 모든 사도들과 제자들은 예루살렘과 온 유대와 사마리아와 광야에서도 그 명령을 수행하고 순종했습니다.

땅 끝까지 이르러 세례를 주라는 명령을 이루려고 이방인들에게도 그 세례의 복음이 전파되었습니다. 사도행전 10장은 하나님이 베드로를 이방인인 고넬료의 가정에 보내셔서 복음을 전하는 과정을 생생하게 기록하고 있습니다. 하나님은 베드로와 경건한 고넬료에게 각각 환상을 보여주심으로 서로 만나게 하셨습니다. 고넬료의 집에 이끌려간 베드로가 그들에게 동일한 천국 복음을 전했습니다.

> 34. 베드로가 입을 열어 가로되 내가 참으로 하나님은 사람의 외모를 취하지 아니하시고 … 43. 저에 대하여 모든 선지자도 증거하되 저를 믿는 사람들이 다 그 이름을 힘입어 죄 사함을 받는다 하였느니라 44. 베드로가 이 말 할때에 성령이 말씀 듣는 모든 사람에게 내려오시니 45. 베드로와 함께 온 할례 받은 신자들이 이방인들에게도 성령 부어 주심을 인하여 놀라니 46. 이는 방언을 말하며 하나님 높임을 들음이러라 47. 이에 베드로가 가로되 이 사람들이 우리와 같이 성령을 받았으니 누가 능히 물로 세례 줌을 금하리요 하고 48. 명하여 예수 그리스도의 이름으로 세례를 주라 하니라 저희가 베드로에게 수일 더 유하기를 청하니라 (사도행전 10장)

베드로가 예수 그리스도와 복음을 전하는 동안에 하나님께서 고넬료와 그의 가족들에게 오순절 날처럼 성령을 주셨습니다. 이를 본 베드로는 즉시 예수 그리스도의 이름으로 세례를 줄 것을 명합니다. 베드로의 말을 잘 생각해 보면 세례는 의무라기보다는 특혜라는 사실을 알 수 있습니다. 아무나 세례를 받을 수 있는 것이 아닙니다. 세례를 받는 것은 죄사함을 얻는 특혜이기 때문입니다. 베드로는 하나님의 백성이 아닌 이방인들은 세례를 받을 자격이 없다고 생각했었습니다. 하나님이 이방인들에게도 성령을 부어주시는 것을 보고 나서야 비로소 그는 하나님이 이방인들에게도 세례를 받을 특혜를 주셨다는 것을 깨닫고 세례를 주게 된 것입니다. 선민들은 언약의 표시인 할례를 자랑스럽게 여겼고, 할례 없는 이방인들을 부정한 짐승처럼 대해 왔고, 세례를 할례 같은 특권으로 생각했습니다.

하나님께서 세 번이나 부정한 짐승도 잡아먹으라는 환상을 보여주신 사건과 유대인 형제들이 이방인의 집에서 교제한 베드로를 힐난하고 해명했던 사건(행 11:1-18)에서도 나타나듯이 선민들에게는 오랫동안 지녀온 특권의식이 있었습니다. 예루살렘교회에 핍박이 일어나자 빌립이 열지파의 후손이기도 한 사마리아인들에게 복음을 전했습니다. 베드로는 사마리아인에게 성령을 부어주신 것을 요한과 함께 보았어도 이방인들에게 복음을 전하기를 꺼려했습니다. 하나님께서 고넬료 가정에 성령을 부어주심을 본 베드로는 비로소 '예루살렘과 온 유대와 사마리아와 땅 끝까지 이 복음을 전하라'는 명령을 깨닫게 됩니다. 세례야말로 혈육적 선민보다 더욱 특별한 선민이 되게 하시는 특혜와 특권입니다. 사도들은 모든 이들에게 예수 그리스도와 그분의 동일한 약속과 명령을 전했습니다.

1.5. 주의 이름을 불러 세례를 받고 너의 죄를 씻으라

사울은 예수 그리스도를 믿는 성도들을 지독하게 핍박하던 자였습니다. 그런 사울이 어느 날 놀라운 기적을 통해 예수님을 만나게 되고 구원을 받고 예수님의 위대한 사도가 됩니다.

1. 사울이 주의 제자들을 대하여 여전히 위협과 살기가 등등하여 대제사장에게 가서 2. 다메섹 여러 회당에 갈 공문을 청하니 이는 만일 그 도를 좇는 사람을 만나면 무론남녀하고 결박하여 예루살렘으로 잡아 오려 함이라 … 17. 아나니아가 떠나 그 집에 들어가서 그에게 안수하여 가로되 형제 사울아 주 곧 네가 오는 길에서 나타나시던 예수께서 나를 보내어 너로 다시 보게 하시고 성령으로 충만하게 하신다 하니 18. 즉시 사울의 눈에서 비늘 같은 것이 벗어져 다시 보게 된지라 일어나 세례를 받고 (사도행전 9장)

사울은 성도들을 잡으러 가던 다메섹 도상에서 예수님을 만났습니다. 사울은 회개하고 기도하던 중 예수께서 환상으로 지시하신 아나니아에게 세례를 받았습니다. 그 이후 일평생 그는 이방인의 사도로서 온갖 핍박과 고난을 받으면서 자신이 받은 복음의 세례를 전파합니다.

예수 그리스도께서 사울에게 무엇이라 말씀하셨고, 아나니아가 무엇을 사울에게 전하였기에 사울이 세례를 받았을까요? 사도행전 9장에는 사울이 예수님을 만난 사건이, 22장에서는 바울이 예수님을 만난 생생한 간증이 기록되어 있습니다. 바울의 간증을 통해서 아나니아가 예수님께 받아 사울에게 전한 복음을 정확히 알 수 있습니다.

7. 내가 땅에 엎드러져 들으니 소리 있어 가로되 사울아 사울아 네가 왜 나를 핍박하느냐 하시거늘 8. 내가 대답하되 주여 뉘시니이까 하니 가라사대 나는 네가 핍박하는 나사렛 예수라 하시더라 9. 나와 함께 있는 사람들이 빛은 보면서도 나더러 말하시는 이의 소리는 듣지 못하더라 10. 내가 가로되 주여 무엇을 하리이까 주께서 가라사대 일어나 다메섹으로 들어가라 정한바 너의 모든 행할 것을 거기서 누가 이르리라 하시거늘 11. 나는 그 빛의 광채를 인하여 볼 수 없게 되었으므로 나와 함께 있는 사람들의 손에 끌려 다메섹에 들어갔노라 12. 율법에 의하면 경건한 사람으로 거기 사는 모든 유대인들에게 칭찬을 듣는 아나니아라 하는 이가 … 15. 네가 그를 위하여 모든 사람 앞에서 너의 보고 들은 것에 증인이 되리라 16. 이제는 왜 주저하느뇨 일어나 주의 이름을 불러 세례를 받고 너의 죄를 씻으라 하더라 (사도행전 22장)

예수님이 아나니아를 사울에게 보내신 것은 아나니아를 통해서 세례를 받게 하기 위함이었습니다. 환상 중에 예수님의 음성을 들었을 때 사울은 '주여 뉘시옵니까?'라고 여쭈었고 예수께서는 '나는 네가 핍박하는 예수다'라고 대답하셨습니다. 그러자 사울은 '주여 무엇을 하리이까?'라고 두 번째 질문을 했습니다. 이에 대해 예수님은 '다메섹으로 들어가라. 거기에 가면 누군가가 정한 바 너의 모든 행할 것을 알려 줄 것이다'라고 대답하셨습니다. 아나니아가 사울에게 말한 '정한 바 너의 모든 행할 것'은 과연 무엇일까요? 그것은 어떤 의심의 여지도 없는, '주의 이름을 불러 세례를 받고 너의 죄를 씻으라'는 것이었습니다.

예수님의 지시를 받고 사울에게 찾아간 아나니아가 전한 복음은 예수님이 친히 열두 사도에게 가르치신 복음이며, 오순절 날 예루살렘에서 베드로와 열한 사도가 전했던 복음 즉 '예수 그리스도의 이름으로 세례를 받고 죄 사함을 얻으라'는 것과 동일한 복음입니다.

바울의 간증에서 보여준 두 질문은 은혜와 진리의 핵심입니다. 은혜와 진리에서 가장 중요한 것은 '예수님이 어떤 분이신가?'를 바로 알고 믿는 것입니다. 그 어떠한 기적도 이 구원의 진리를 대신할 수 없으며, 구원을 주지 못합니다. 예수님이 하나님의 아들 그 그리스도이시며, 우리를 위해서 십자가에서 죽으시고 장사되셨다가 부활하셨다는 것을 믿지 않으면 그 어느 누구도 구원을 얻을 수가 없습니다.

그뿐만 아니라 누구든지 이처럼 예수님과 복음을 믿는다면 사울처럼 '주여 무엇을 하리이까?'라고 물어야 합니다. 복음에는 신자가 순종해야 할 것이 있기에 구원을 얻기 위해서는 반드시 믿음으로 순종해야 합니다. 교회 첫날에도 예수님과 복음을 믿게 된 수천 명의 신자들이 '형제들아 우리가 어찌할꼬?'라고 물었고, 베드로는 '너희가 회개하여 예수 이름으로 세례를 받고 죄사함을 얻으라'고 대답했습니다. '무엇을 해야 하느냐'는 사울의 질문을 받으신 예수님은 '정한바 그의 행할 모든 것을 알려 줄 전도자를 보내겠다'라고 대답하셨습니다. 사울이 아나니아에게 받은 명령은 '주의 이름을 불러 세례를 받고 너의 죄를 씻으라'였습니다. '주여 무엇을 하리이까?'라는 질문에 예수께서 '주의 이름을 불러 세례를 받고 너의 죄를 씻으라'를 알리신 것입니다. '우리가 어찌할꼬?'라고 물었던 신자들에게 베드로가 '너희가 회개하여 각각 예수 그리스도의 이름으로 세례를 받고 죄 사함을 얻으라'고 대답했던 것과 동일한 복음입니다.

이후 사도 바울은 복음을 전할 때마다 예수께서 자신에게 명한 세례를 전파했습니다. 우리는 사도행전 19장에서 바울이 3차 전도여행 때까지 죄사함을 얻게 하는 세례의 복음을 전한 것을 확인할 수 있습니다.

1. 아볼로가 고린도에 있을 때에 바울이 윗 지방으로 다녀 에베소에 와서 어떤 제자들을 만나 2. 가로되 너희가 믿을 때에 성령을 받았느냐 가로되 아니라 우리는 성령이 있음도 듣지 못하였노라 3. 바울이 가로되 그러면 너희가 무슨 세례를 받았느냐 대답하되 요한의 세례로라 4. 바울이 가로되 요한이 회개의 세례를 베풀며 백성에게 말하되 내 뒤에 오시는 이를 믿으라 하였으니 이는 곧 예수라 하거늘 5. 저희가 듣고 주 예수의 이름으로 세례를 받으니 6. 바울이 그들에게 안수하매 성령이 그들에게 임하시므로 방언도 하고 예언도 하니 (사도행전 19장)

에베소지방에서의 사도 바울의 전도는 1차, 2차를 거쳐 3차 전도여행 때 어떤 복음을 전했는지 증거가 됩니다. 거기서 바울은 대학자인 아볼로에게 배워서 예수님을 믿고 있는 제자들을 만났습니다. 바울은 그들에게 두 가지의 중요한 질문을 합니다. 첫 질문은 '너희가 믿을 때에 성령을 받았느냐'였습니다. 그들이 성령을 받는 약속에 대해 알지 못한다고 말하자 '그러면 너희가 무슨 세례를 받았느냐?'고 두 번째 질문을 합니다. 그들은 예수를 믿을 뿐만 아니라 이미 요한의 세례를 받은 신자들이었는데 사도 바울은 그들에게도 예수 이름으로 다시 세례를 주었습니다.

이미 요한의 세례를 받은 신자들에게 사도 바울은 왜 예수의 이름으로 세례를 (다시) 받으라고 했을까요? 그들이 예수의 이름으로 세례를 (다시) 받은 이유는 오순절 날 3천 명이나 되는 신자들이 세례를 받았던 이유와 사마리아 성의 사람들이 세례를 받았던 이유, 이방인 고넬료의 가족들이 세례를 받은 이유, 또한 사울 자신이 세례를 받은 이유와 조금도 다르지 않습니다. 예수님은 '모든 족속으로 제자를 삼아 세례를 주라'(마 28:19)라고 명령하셨습니다. 또한 예수님은 '너희가 뉘 죄든지 사하면 사하여질 것이요 뉘 죄든지 그대로 두면 그대로 있으리라'(요 20:23)고 말씀하셨습니다. 베드로는 '예수 그리스도의 이름으로 세례를 받고 죄사함을 얻으라'(행 2:38)고 했습니다. 아나니아는 '주의 이름을 불러 세례를 받고 너의 죄를 씻으라'고 했습니다.

어떻게 하면 죄가 성경대로 사하여질까요? 예수님은 믿고 회개하여 세례를 받으면 무슨 죄든지 사하여진다고 가르치셨습니다. 그래서 세례를 받지 않으면 누구든지 죄가 그대로 있다고 하셨습니다. 제자들이 해야 할 일은 복음을 전하고 예수 이름으로 세례를 주는 것입니다. 복음을 믿는 자들이 해야 할 일은 예수의 이름으로 세례를 받는 것입니다.

그러면, '요한의 세례'와 '예수 그리스도의 세례'는 어떻게 다른가요? 요한의 세례는 죄인들을 예수님에게로 인도하는 역할을 했습니다. 예수께 나온 죄인들은 이제 예수의 이름으로 세례를 받고 죄사함을 얻게 됩니다. 세례 요한의 역할은 예수님의 등장을 알리는 것이었습니다. 그리고 예수님의 등장으로 요한의 소임은 율법이 마쳐지는 것처럼 끝나게 됩니다. 그 자신도 이것을 잘 알고 있었습니다.

26. 저희가 요한에게 와서 가로되 랍비여 선생님과 함께 요단강 저편에 있던 자 곧 선생님이 증거하시던 자가 세례를 주매 사람이 다 그에게로 가더이다 27. 요한이 대답하여 가로되 만일 하늘에서 주신바 아니면 사람이 아무 것도 받을 수 없느니라 28. 나의 말한바 나는 그리스도가 아니요 그의 앞에 보내심을 받은 자라고 한 것을 증거할 자는 너희니라 29. 신부를 취하는 자는 신랑이나 서서 신랑의 음성을 듣는 친구가 크게 기뻐하나니 나는 이러한 기쁨이 충만하였노라 30. 그는 흥하여야 하겠고 나는 쇠하여야 하리라 하니라 (요한복음 3장)

예수님이 공생애를 시작하기 전에는 신자들이 세례 요한에게 회개의 세례를 받았습니다. 그러나 예수님이 세례 요한을 통해서 세례를 받으시고 공생애를 시작하신 이후에는 더 이상 세례 요한에게 가서 세례를 받을 필요가 없습니다. 자신이 전하는 세례는 쇠할 것이고 '예수께 속한 세례'는 흥할 것이라고 세례 요한은 분명하게 말합니다. 왜냐하면 세례 요한은 그리스도가 아니요 그의 앞에 보내심을 받은 종이기 때문입니다.

예수님은 그리스도이시며 하나님의 아들입니다(마 16:16). 세례 요한은 하나님께서 그분의 아들 앞에 보낸 종일 뿐, 종은 아무리 위대한 종일지라도 아들보다 뛰어난 신분일 수 없습니다. 예수 그리스도는 하나님께서 친히 낳으신 아들로서 은혜와 진리를 전해준 분입니다. 요한복음 3장처럼, 사도 바울이 만났던 사람들도 요한의 세례를 받은 사람들이었습니다. 그들도 예수 그리스도의 복음에 순종하여 다시 세례를 받아야 했습니다. 회개하고 예수의 이름으로 세례를 받을 때 그들도 죄사함을 얻게 됩니다. 율법을 온전히 순종할지라도 죄사함을 주지 못하고, 아들이 올 때까지 덮어 주었으나 예수님의 세례는 그의 피로써 완전한 죄사함을 줍니다.

1.6. 밤 그 시에 자기와 그 권속이 다 세례를 받고

사도 바울은 빌립보에서 간수와 그 가족에게 주 예수님을 전했습니다. 이후 사도 바울이 전한 복음을 듣고 믿은 그들은 '자기와 그 권속이 다' 그리고 '밤 그 시에' 지체 없이 세례를 받았습니다.

30. 저희를 데리고 나가 가로되 선생들아 내가 어떻게 하여야 구원(救援)을 얻으리이까 하거늘 31. 가로되 주 예수를 믿으라 그리하면 너와 네 집이 구원(救援)을 얻으리라 하고 32. 주의 말씀을 그 사람과 그 집에 있는 모든 사람에게 전하더라 33. 밤 그 시에 간수가 저희를 데려다가 그 맞은 자리를 씻기고 자기와 그 권속이 다 세례를 받은 후 34. 저희를 데리고 자기 집에 올라가서 음식을 차려주고 저와 온 집이 하나님을 믿었으므로 크게 기뻐하니라 (사도행전 16장)

사도 바울이 밤중에 기도하자 옥문이 열렸고, 이로 인해 놀란 간수가 어떻게 해야 구원을 받는지 바울에게 물었습니다. 바울이 전한 복음을 믿게 된 간수가 매로 인해 상처투성이가 된 바울의 몸을 씻겨 주고 온 가족이 함께 세례를 받았습니다. 그 밤중에 전개된 긴박한 사건들이 세례의 중요성을 말해 줍니다. 아무리 상황이 어렵고 힘들더라도 복음을 듣고 믿는다면 빨리 받아야 할 만큼 세례는 중요합니다. 죄사함을 받는 복음인, 믿고 세례를 받는 것은 확실하고 유일한 약속이기 때문입니다. 예수님과 복음을 믿고 회개한다면 누구나 지체 없이 물로 세례를 받아야 합니다. 참된 복음을 전하는 자는 그런 믿는 자들에게 지체 없이 세례를 주어야 하며 그것이 예수님의 제자로서 해야 할 사명입니다. 이토록 중요한 일을 무시하거나 몇 달 몇 년씩 미룰 이유가 어디에도 없습니다.

예루살렘에서도 그날에 3천 명이나 세례를 받았고, 이방인 고넬료와 그 가족들도 성령침례를 받은 후 곧바로 받았습니다. 에디오피아 내시도 빌립이 전도한 복음을 듣고 믿었으며 세례를 줄 만한 물들을 만나기가 어려운 광야였습니다. 빌립은 내시와 함께 한참을 동행하다가 드디어 세례를 받을 만한 물을 만났기에 '보라! 세례를 받을 만한 물을 발견했으니 이제 문제가 없어졌다'라고 하며 바로 세례를 받았습니다(행 16:36). 3천 명이든 단 한 명이든, 또는 한 가족이든 상관없이, 복음을 듣고 믿는 사람은 누구나 다 믿고 회개하고 신속하게 세례를 받았습니다.

사울은 기독교 역사상 가장 놀라운 기적을 통해 예수님을 믿게 되었고, '무엇을 행하여야 합니까?'라고 여쭈었을 때 행할 것을 알려줄 사람을 보낼 것이 곧장 다메섹으로 들어가라고 말씀하셨습니다.

사울이 세례를 받은 경험은 우리 모두에게 큰 의미를 줍니다. 사울은 다메섹에 들어가 3일 동안 식음을 전폐하고 금식하며 회개하고 간절하게 기도하는 중에 예수께서 주신 환상까지 보았습니다(행 9:11,12).

17. 아나니아가 떠나 그 집에 들어가서 그에게 안수하여 가로되 형제 사울아 주 곧 네가 오는 길에서 나타나시던 예수께서 나를 보내어 너로 다시 보게 하시고 성령으로 충만하게 하신다 하니 18. 즉시 사울의 눈에서 비늘 같은 것이 벗어져 다시 보게 된지라 일어나 세례를 받고 (사도행전 9장)

아나니아가 와서 그에게 안수할 때 그는 성령으로 충만함을 받고 눈을 치료받고 다시 볼 수 있게 되었습니다. 이것은 사울에게 행할 것을 알려준 아나니아가 예수님의 메신저라는 증거였습니다. 아나니아는 사울에게 '지체하지 말고 일어나 주의 이름을 불러 세례를 받고 너의 죄를 씻으라'고 했습니다(행 22:16). 예수님의 보내심을 받은 아나니아는 세례를 받아서 죄사함을 얻으라고 확실하게 전하며 지시했습니다.

1.7. 이 약속은 너희와 너희 자녀와 모든 먼데 사람 곧 주 우리 하나님이 얼마든지 부르시는 자들에게 하신 것이라

예수께서 주신 명령대로, 사도들과 제자들이 전한 복음을 듣고 믿는 자들은 누구나 세례를 받았습니다. 예수님, 베드로와 열 한 사도, 사도 바울, 빌립, 아나니아가 그렇게 가르치고 전했고, 그 복음을 들은 신자들은 다 세례를 받았습니다. 초대교회가 명령대로 순종했던 세례의 중요성은 매우 명확해서 논란의 여지가 없습니다. 주 예수님과 사도들의 가르침을 진실한 마음으로 살펴보는 것이 좁은 문과 길을 찾는 시작입니다.

오늘날에는 예수님을 믿기만 하면 되지 꼭 세례를 받아야 하는 것은 아니라고 주장하는 사람들이 있습니다. 성경에는 그렇게 기록되어 있다 해도 지금은 시대가 다르기 때문에 꼭 세례를 받을 필요는 없다고 믿는 신자들도 많습니다. 성경에 기록된 세례가 2,000여 년이 지난 지금의 우리와는 무관한 것인지 아니면 여전히 유효한 것인지 생각해 봅시다.

'내가 이 반석 위에 내 교회를 세우리라'고 하셨던 대로 교회가 시작된 오순절 날, 열두 사도가 함께 전한 복음에 대해 다시 살펴봅니다.

37. 저희가 이 말을 듣고 마음에 찔려 베드로와 다른 사도들에게 물어 가로되 형제들아 우리가 어찌할꼬 하거늘 38. 베드로가 가로되 너희가 회개하여 각각 예수 그리스도의 이름으로 세례(洗禮)를 받고 죄(罪) 사(赦)함을 얻으라 그리하면 성령을 선물로 받으리니 39. 이 약속(約束)은 너희와 너희 자녀와 모든 먼데 사람 곧 주 우리 하나님이 얼마든지 부르시는 자들에게 하신 것이라 하고 (사도행전 2장)

베드로와 열한 사도는 '믿고 회개하여 각각 예수 이름으로 세례를 받고 죄사함을 얻으라'고 전했습니다. 이것은 거짓말하실 수 없으신 하나님의 약속을 전한 것입니다. 이 약속은 그 자리에서 설교를 들은 자들에게만 주신 것이고 지금 우리에게는 상관없는 것일까요? 사도 베드로는 하나님의 이 약속은 '너희와 너희 자녀와 모든 먼데 사람에게 하신 약속이라'고 했습니다. '너희와 너희 자녀'라는 말은 당시에 그곳에 있었던 사람들과 그들의 자녀만을 말하는 아니요 그 특정 세대만을 가리키는 것이 아니라 모든 세대를 포함하는 말입니다. 따라서 '모든 먼데 사람'은 당연히 시간과 장소에 상관없이 모든 사람을 포함합니다. 이후 2000년 동안 지구상의 모든 사람들을 포함합니다. 다시 말해 사도행전을 읽을 모든 이들에게 주신 약속입니다. 이 약속은 '우리 하나님이 얼마든지 부르시는 자들'에게 하신 것이라고도 증언했습니다. 하나님은 2000년 전 예루살렘에 모인 사람들로부터 온 유대, 사마리아, 갈라디아, 소아시아, 마게도냐, 유럽, 미국, 중국 그리고 한국인들도 이 복음으로 부르셨고, 그들 모두에게도 동일한 불변(不變)의 약속을 주신 것입니다. 당연히 지금 이 책을 읽는 분도 그 약속을 동일하게 받은 것이 분명합니다. 따라서 누구든지 회개하고 예수의 이름으로 세례를 받으면 죄사함을 얻는다는 약속을 믿어야 합니다. 하나님께서 순종한 우리에게도 성령을 주심으로 이를 확증하셨습니다.

요한복음 14장에서 예수님은 제자들에게 '너희가 내 이름으로 무엇을 구하든지 내가 시행하리니'라고 말씀하십니다.

13. 너희가 내 이름으로 무엇을 구하든지 내가 시행하리니 이는 아버지로 하여금 아들을 인하여 영광을 얻으시게 하려 함이라 14. 내 이름으로 무엇이든지 내게 구하면 내가 시행하리라 15. 너희가 나를 사랑하면 나의 계명을 지키리라 (요한복음 14장)

예수께서 말씀하신 '너희'는 그때 그 자리에 있었던 제자들만이 아니라 이 말씀을 읽는 모든 이들을 가리킵니다(요 17:20). 2000년 전 예루살렘 교회의 제자들도 예수 이름으로 기도했고 지금 '우리'도 예수 이름으로 기도합니다. 마찬가지로 베드로가 '너희가 회개하여 각각 예수 그리스도의 이름으로 세례를 받고'라고 할 때 '너희'는 그곳에 있었던 사람들뿐만 아니라 이 말씀을 읽는 모든 이들에게 한 말씀입니다. '내 이름으로 무엇이든지 구하면 내가 시행하리라'는 말씀도 모두에게 주신 약속입니다. 물론, '너희가 회개하여 각각 예수 그리스도의 이름으로 세례를 받고 죄 사함을 얻으라 그리하면 성령을 선물로 받으리니'도 역시 모두에게 주신 약속임을 믿고 약속에 순종으로 동참해야 합니다.

승천하시기 전에 제자들에게 하신 예수님의 지상명령을 보더라도 세례가 모든 사람들에게 해당되는 것임을 알 수 있습니다.

19. 그러므로 너희는 가서 모든 족속으로 제자를 삼아 아버지와 아들과 성령의 이름으로 세례를 주고 20. 내가 너희에게 분부한 모든 것을 가르쳐 지키게 하라 볼찌어다 내가 세상 끝날까지 너희와 항상 함께 있으리라 하시니라 (마태복음 28장)

예수님은 '모든 족속'을 제자로 삼아 세례를 주라고 명령하셨습니다. '모든 족속'에 포함되지 않는 사람은 없습니다. 예수님은 또한 사도들에게 '너희가 뉘 죄든지 사하면 사하여질 것이요 그대로 두면 그대로 있으리라'고 말씀하셨고 그 '뉘'라는 자 속에 모든 사람이 포합됩니다.

너희가 뉘 죄든지 사하면 사하여질 것이요 뉘 죄든지 그대로 두면 그대로 있으리라 하시니라 (요한복음 20:23)

이 말씀은 예수님의 명령을 받은 아나니아가 사울에게 지시한 그 복음의 진리와 동일한 것입니다. 죄사함을 얻게 하는 세례가 시간과 공간의 제한없이 모든 사람에게 주어진 은혜의 참 복음이라는 것을 말해줍니다. '너희가 뉘 죄든지 사해주면 사해질 것이요 그대로 두면 그대로 있으리라'는 이 말씀은 누군가는 순종해도 되고 순종하지 않아도 될, 선택의 말씀이 아닙니다. '침례를 받아 죄씻음을 받으라'는 이 명령은 모든 이들에게 주신 지상명령이요 만왕의 왕께서 명하신 어명(御命)입니다.

성경을 연구하는 신자들은 사울이 침례받기 전에 대단히 특별한 체험을 했음에도 불구하고 예수께서 아나니아를 통해 주신 명령에서 그 '뉘'라는 대상이 어떤 사람을 포함하는 것인지 정확하게 알 수 있습니다.
사울은 아나니아를 만나기 전에 다음과 같은 체험을 한 자였습니다.
㉠율법으로 흠이 없는 자(빌 3:6) ㉡가장 놀라운 기적으로 영광의 예수님을 만나서 믿은 자 ㉢3일 동안 금식하며 철저히 회개한 자 ㉣아나니아의 안수로 눈을 치료받은 자 ㉤깊은 기도 중에 환상을 본 자 ㉥눈을 치료받을 때 성령의 충만도 받은 자
이와 같은 특별한 체험을 한 사울에게 예수께서 보내신 아나니아가 전한 그 명령은 무엇입니까? 사울이 행할 것을 전해줄 예수님의 메신저가 자기 말을 전했을 리가 없습니다. 아나니아가 사울이 본래 아담 안에서 받은 죄, 예수님을 대적한 죄가 믿기만 하면 사해졌다고 했습니까? 아나니아가 그에게 세례를 주지 않았다면 '뉘 죄든지 그대로 두면 그대로 심판대까지 있으리라'는 말씀이 불변의 진리가 아니겠습니까(요 3:36)?
예수께서 산상수훈의 결론에서, 아버지의 뜻인 예수님의 말씀대로 행하지 않은 선지자나 신자라면 수많은 권능과 기적을 행했을지라도 법대로 죄사함을 얻지 못한 자(불법자)라고 말씀하셨잖습니까? 예수님 자신도 그런 자들을 도무지 알지 못한다고 하실 것이며, 형벌에 던지실 것이라고 경고하지 않으셨습니까(마 7:21-23)?

2. 꼭 세례를 받아야 죄에서 구원을 받습니까?

그리스도인은 하나님의 아들이신 예수 그리스도를 믿는 사람들입니다. 그리스도인은 예수 그리스도의 말씀 곧 그의 복음을 믿는 사람들입니다. 그리스도인은 성경에 기록된 진리를 믿는 사람들입니다. 누구든지 해야 할 일은 성경대로 예수 그리스도와 그가 가르치신 복음을 믿는 것입니다. '성경대로 믿는다'라는 것은 무엇을 의미할까요? 하나님의 아들을 믿고, 말씀을 믿고, 복음을 믿고, 진리를 믿는다는 것은 과연 순종이 필요없다고 믿는 것인가요? 놀랍게도 우리는 하나님의 아들을 (불)순종하고, 말씀을 (불)순종한다고 성경에 기록된 구절들을 수없이 발견할 수 있습니다.

> 아들을 믿는 자는 영생이 있고 아들을 순종치 아니하는 자는 영생을 보지 못하고 (요한복음 3:36)

> 또한 부딪히는 돌과 거치는 반석이 되었다 하니라 저희가 말씀을 순종치 아니하므로 넘어지나니 (베드로전서 2:8)

하나님의 아들은 우리가 믿어야 할 분이기도 하지만 우리가 순종해야 할 분이기도 하다는 말입니다. 따라서 하나님의 복음은 우리가 믿어야 할 말씀이기도 하지만 우리가 순종해야 할 명령이기도 합니다. 아들을 순종한다는 것, 말씀을 순종한다는 것은 무엇을 의미할까요? 믿음과 순종은 같은 것일까요 다른 것일까요? 예수님은 '아들을 믿는 자는 영생이 있고 아들을 순종치 아니하는 자는 영생을 보지 못하고'라고 말씀하셨습니다. 믿는 자도 있고 믿지 않는 자도 있습니다. 순종하는 자도 있고 순종하지 않는 자도 있습니다. 예수님을 믿는 자는 영생이 있고 순종치 아니하는 자는 영생이 없다고 말씀하셨습니다.

진리 또한 우리가 믿어야 할 대상이기도 하지만 동시에 우리가 순종해야 할 대상입니다. 진리를 믿어야 하지만 또한 진리에는 우리가 순종해야 하는 무엇인가가 있다는 것을 알 수 있습니다.

너희가 달음질을 잘 하더니 누가 너희를 막아 진리를 순종치 않게 하더냐 (갈라디아서 5:7)

너희가 진리를 순종함으로 너희 영혼을 깨끗하게 하여 거짓이 없이 형제를 사랑하기에 이르렀으니 (베드로전서 1:22)

진리를 순종하거나 진리를 순종하지 않는다는 것은 무엇을 의미할까요? 진리의 복음 역시 우리가 믿어야 하는 것이지만 또한 순종해야 하는 것입니다. 베드로와 바울은 '복음을 순종치 않는' 사람들에 대해서 말합니다.

그러나 저희가 다 복음을 순종치 아니하였도다 이사야가 가로되 주여 우리의 전하는 바를 누가 믿었나이까 하였으니 (로마서 10:16)

하나님 집에서 심판을 시작할 때가 되었나니 만일 우리에게 먼저 하면 하나님의 복음을 순종치 아니하는 자들의 그 마지막이 어떠하며 (베드로전서 4:17)

복음을 순종치 않는 사람과 복음을 믿지 않는 사람은 같은 사람일까요? '믿음'과 '순종'이라는 두 단어는 공통의 의미도 있지만 엄밀하게 보면 구별되는 의미도 있습니다.

'믿음'과 '순종'이라는 두 단어를 구분해서 쓰는 경우에서 자녀가 부모의 말을 ①믿고 순종하는 경우 ②믿지만 순종하지 않는 경우 ③믿지 않지만 순종하는 경우 ④믿지도 않고 순종하지도 않는 경우로 가정해 볼 수 있습니다. 진리와 복음도 마찬가지입니다. ①믿고 순종할 수도 있고 ②믿지도 않고 순종하지도 않을 수도 있습니다. 그리고 ③믿기는 하지만 순종하지 않을 수도 있고 ④믿지는 않지만 순종할 수도 있습니다. 이론적으로 네 가지 경우를 생각할 수 있지만 대체로 믿으면 순종을 하게 되고 믿지 않으면 순종하지 않게 됩니다. 그러므로 명령과 약속으로 주어진 '복음을 믿는다'는 말에는 '복음을 순종한다'는 의미가 포함될 수밖에 없습니다. 사도 바울은 로마교회에게 보내는 서신의 시작과 끝에서 '믿음'과 '순종'이라는 두 단어를 구별하여 사용하고 있습니다.

그로 말미암아 우리가 은혜와 사도의 직분을 받아 그 이름을 위하여 모든 이
방인 중에서 믿어 순종케 하나니 (로마서 1:5)
Through him and for his name's sake, we received grace and
apostleship to call people from among all the Gentiles to the
obedience that comes from faith. (Romans 1:5, NIV)

이제는 나타내신바 되었으며 영원하신 하나님의 명을 좇아 선지자들의 글로
말미암아 모든 민족으로 믿어 순종케 하시려고 알게 하신바 그 비밀의 계시
를 좇아 된 것이니 이 복음으로 너희를 능히 견고케 하실 (롬 16:26)
but now revealed and made known through the prophetic writings
by the command of the eternal God, so that all nations might
believe and obey him. (Romans 16:26, NIV)

로마서 1장 5절의 '믿어 순종케'이라는 구절은 영어성경(NIV)에서는
the obedience that comes from faith(믿음에서 나오는 순종)으로 번역
되었습니다. 진심으로 믿는다면 자연스럽게 순종이 뒤따른다는 말입니다.
복음은 예수께서 우리를 대신하신 죽으심, 장사되심, 부활하심인데 그
죽으심과 장사되심에 순종으로 연합하여 은혜를 받는다는 것입니다.

1. 형제들아 내가 너희에게 전한 복음을 너희로 알게 하노니 이는 너희가 받
은 것이요 또 그 가운데 선 것이라 2. 너희가 만일 나의 전한 그 말을 굳게
지키고 헛되이 믿지 아니하였으면 이로 말미암아 구원을 얻으리라 3. 내가
받은 것을 먼저 너희에게 전하였노니 이는 성경대로 그리스도께서 우리 죄를
위하여 죽으시고 4. 장사 지낸바 되었다가 성경대로 사흘 만에 다시 살아나
사 (고린도전서 15장)

우리는 그리스도께서 죽으시고 장사되시고 사흘 만에 부활하신 것 즉
복음을 믿고 있습니다. 그런데 복음에는 우리가 순종해야 할 것이 있다고
했습니다. 이 책의 1장에서 살펴본 것처럼 예수님과 사도들은 한결같이
복음을 믿는 사람들에게 '세례를 받으라'고 합니다. 따라서 우리가 복음을
믿고 세례를 받는 것이 바로 복음을 순종하는 것입니다. '복음을 믿는다'
는 말은 당연히 '복음을 순종한다'는 의미를 포함합니다.

오순절 날 예루살렘에서 3천 명이나 되는 사람들이 복음을 믿고 순종 즉 세례를 받았습니다. 사마리아 성의 사람들도 복음을 믿고 세례를 받음으로 복음에 순종했습니다. 광야에서 빌립을 만나 복음을 들은 에디오피아의 내시도 믿고 세례를 받았습니다. 사도 바울도 예수 그리스도를 믿고 세례를 받음으로 복음에 순종했습니다. 고넬료의 가족들도 복음을 믿고 세례를 받았습니다. 빌립보 감옥의 간수와 가족들도 모두 복음을 믿고 세례를 받았습니다. 우리는 예수 그리스도가 하나님의 아들이심을 믿고 있습니다. 그 믿음은 그분이 우리 대신 죽으시고 장사되셨다가 성경대로 부활하셨다는 것을 믿는 것이기도 합니다. 예수님의 이름으로 세례를 받는 것이 그의 복음에 연합되는 믿음입니다.

요약하면, 예수 그리스도께서 우리 죄를 대신해서 십자가에 죽으시고 장사되셨다가 사흘 만에 부활하셨다는 것이 복음입니다. 그렇게 하심으로 예수님은 우리가 죄에서 벗어날 수 있는 은혜의 길을 열어 놓으셨습니다. 이제 우리는 그 복음을 믿고 예수의 이름으로 세례를 받고 죄사함을 얻게 됩니다. 그렇게 함으로써 복음에 참여하고 은혜 안으로 들어가게 됩니다. 이 복음의 은혜는 듣고 믿는 모든 사람에게 주시는 것입니다.

이제 성경에서 많은 사람들이 어떻게 복음에 순종하여 구원을 얻었는지 구체적으로 살펴봅시다.

2.1. 믿고 세례를 받는 사람은 구원을 얻을 것이요

마가복음 1장에는 예수님이 천국복음을 전파하실 때, '때가 찾고 하나님 나라가 가까왔으니 회개하고 복음을 믿으라'고 명하셨다고 기록하고 있습니다(막 1:14-15). 예수께서 전하신 복음이 무엇일까요? 마가복음의 마지막 장에는 만민에게 전파될 바로 그 복음이 기록되어 있습니다.

그 복음을 예수님께서 다음과 같이 선포하셨습니다.

> 믿고 세례를 받는 사람은 구원을 얻을 것이요 믿지 않는 사람은 정죄를 받으리라 (마가복음 16:15)

공생애를 시작하실 때부터 마치실 때까지 예수님께서 전하신 것은, 죄인이 먼저 진실로 회개를 하고 복음을 믿으라는 것이며, 세례를 받고 죄에서 구원받으라는 것입니다. 예수님의 이 말씀에는 그 어떤 혼란이나 논란의 여지가 없어서 어린이도 명확히 알 수 있습니다. 이 복음은 예수께서 제자들에게 처음부터 가르치셨고 승천하시기 직전에도 분부하신 지상명령입니다. 예수님은 '믿고 구원받은 사람은 세례를 받으라'고 말씀하시지 않았음에도 불구하고 오늘날 그렇게 믿고 있는 사람들이 있습니다.

복음을 말할 때 전하는 자와 듣는 자로 구별할 수 있습니다. 마가복음 16장 15절은 복음을 듣는 자들에게 하시는 예수님의 말씀입니다. 듣는 자가 복음을 믿고 세례를 받으면 구원을 얻을 것입니다. 마태복음 28장을 보면 예수님이 복음을 전하는 자들에게도 세례에 관해서 가르치시고 명령하신 것을 볼 수 있습니다.

> 그러므로 너희는 가서 모든 족속으로 제자를 삼아 아버지와 아들과 성령의
> 이름으로 세례를 주고 20. 내가 너희에게 분부한 모든 것을 가르쳐 지키게
> 하라 (마태복음 28장)

이 말씀에도 역시 그 어떤 논란이나 혼란의 여지가 없다고 하겠습니다. 모든 족속으로 ①제자를 삼아 ②세례를 주고 ③내가 너희에게 분부한 모든 것을 가르쳐 지키게 하라고 하셨습니다. 제자를 삼는 것이나 분부한 모든 것이 무엇인지 이 구절에서는 알 수 없지만 세례를 주라는 명령은 아주 구체적이고 분명하여 의문의 여지가 전혀 없습니다. 예수께서 공생애 기간 동안 늘 분명하게 가르치신 것이고, 분부하신 지상명령에서도 유일하게 구체적으로 말씀하신 것입니다.

복음을 전할 사도들에게 예수님은 '모든 족속을 제자로 삼아 … 세례를 주고'라고 명하셨습니다. 그리고 그 복음을 듣고 믿게 될 사람들에게 예수님은 '믿고 세례를 받는 사람은 구원을 얻을 것이요'라고 말씀하셨습니다. 복음을 전하는 입장에서 보든, 복음을 듣는 입장에서 보든 세례가 복음의 핵심에 속한다는 것은 분명합니다.

2.2. 사람이 물과 성령으로 나지 아니하면

예수님은 십자가에서 죽으셨다가 사흘 만에 다시 살아나셨습니다. 예수 그리스도의 복음의 핵심은 그분이 죽으셨다가 부활하셨다는 것입니다. 그리고 예수님은 그분의 복음을 믿는 자들도 그와 연합하여 죽었다가 다시 살아날 것이라고 말씀하셨습니다. 그리스도를 믿는 자들이 복음으로 그리스도와 함께 죽고 다시 살아나는 것이 복음의 핵심입니다. 그래서 예수님은 '물과 성령으로 남'에 대해서 말씀하셨습니다.

> 3. 예수께서 대답하여 가라사대 진실로 진실로 네게 이르노니 사람이 거듭나지 아니하면 하나님 나라를 볼 수 없느니라 4. 니고데모가 가로되 사람이 늙으면 어떻게 날 수 있삽나이까 두 번째 모태에 들어갔다가 날 수 있삽나이까 5. 예수께서 대답하시되 진실로 진실로 네게 이르노니 사람이 물과 성령으로 나지 아니하면 하나님 나라에 들어갈 수 없느니라 (요한복음 3장)

사람이 거듭나지 않으면 하나님 나라를 볼 수 없다는 예수님의 말씀을 니고데모는 도무지 이해하지 못했습니다. 그리고 도대체 사람이 어떻게 거듭 (태어)날 수 있느냐고 예수님께 질문합니다. 그러자 예수님은 사람이 물과 성령으로 나지 아니하면 하나님 나라에 들어 갈 수 없다고 분명하게 말씀하십니다. 그럼, '물과 성령으로 난다'는 것은 어떤 것일까요?

복음을 듣고 믿는 사람들이 물과 성령으로 나는 경험을 성경에서 살펴보겠습니다. 베드로가 열한 사도와 함께 오순절 날 예루살렘에서 선포한 복음이야말로 물과 성령으로 나는 그 복음입니다.

> 37. 저희가 이 말을 듣고 마음에 찔려 베드로와 다른 사도들에게 물어 가로되 형제들아 우리가 어찌할꼬 하거늘 38. 베드로가 가로되 너희가 회개하여 각각 예수 그리스도의 이름으로 세례를 받고 죄 사함을 얻으라 그리하면 성령을 선물로 받으리니 (사도행전 2장)

예수님께서 특별히 천국 열쇠를 맡기신 베드로에게는 '물과 성령으로 나는 열쇠'를 맡기신 것과 같습니다.

그것은 바로 '예수 그리스도의 이름으로 (물)세례를 받으면 성령을 선물로 받을 것'이라는 것입니다. 세례를 받고 성령을 받는 것이 바로 물과 성령으로 나는 것입니다. 예수님께 천국 열쇠를 받은 베드로가 천국 문을 여는 놀라운 비밀을 정확하게 선포한 것입니다. 예루살렘에서 선포된 이 복음은 사마리아와 땅 끝까지 전파된 것을 볼 수 있습니다. 사마리아의 사람들도 복음을 듣고 물과 성령으로 났습니다. 즉 예수 그리스도의 이름으로 세례를 받고 성령을 선물로 받은 것입니다.

14. 예루살렘에 있는 사도들이 사마리아도 하나님의 말씀을 받았다 함을 듣고 베드로와 요한을 보내매 15. 그들이 내려가서 저희를 위하여 성령 받기를 기도하니 16. 이는 아직 한 사람에게도 성령 내리신 일이 없고 오직 주 예수의 이름으로 세례만 받을 뿐이러라 17. 이에 두 사도가 저희에게 안수하매 성령을 받는지라 (사도행전 8장)

사마리아 사람들은 빌립에게 복음을 듣고 남녀가 다 예수의 이름으로 세례를 받았습니다. 사마리아 사람들이 복음을 듣고 세례를 받았다는 소식을 듣고 베드로와 요한이 내려가서 성령을 받도록 그들을 위해 기도하자 성령을 받았습니다. 놀랍게도 예수님께서 베드로를 사마리아에도 보내 천국 열쇠를 사용하게 하신 것입니다. 세례로 죄사함을 얻은 사마리아 사람들도 베드로가 와서 기도했을 때 성령을 받고 거듭나 하나님의 나라에 들어갈 수 있는 은혜를 받은 것입니다.

이방인들 중에 고넬료가 처음으로 물과 성령으로 나게 된 것도 역시 천국 열쇠를 맡기신 베드로를 통해서였습니다. 예수께서 베드로와 고넬료에게 각각 환상을 보여주시고 베드로를 고넬료의 집으로 보내셨습니다.

44. 베드로가 이 말 할 때에 성령이 말씀 듣는 모든 사람에게 내려오시니 45. 베드로와 함께 온 할례 받은 신자들이 이방인들에게도 성령 부어 주심을 인하여 놀라니 46. 이는 방언을 말하며 하나님 높임을 들음이러라 47. 이에 베드로가 가로되 이 사람들이 우리와 같이 성령을 받았으니 누가 능히 물로 세례 줌을 금하리요 하고 48. 명하여 예수 그리스도의 이름으로 세례를 주라 하니라 저희가 베드로에게 수일 더 유하기를 청하니라 (사도행전 10장)

베드로가 복음을 전할 때 하나님께서 고넬료와 권속들에게 성령을 부어주셨습니다. 베드로는 곧바로, 그들에게 예수 그리스도의 이름으로 세례를 주라고 하였습니다. 고넬료와 그의 권속들은 성령을 받았고 세례를 받음으로 그들도 물과 성령으로 났습니다. 이방인인 그들에게도 죄에서 나와 천국으로 들어가는 문이 처음으로 열린 것입니다.

예루살렘에서, 사마리아에서, 이방인 고넬료의 가정에서 물과 성령으로 나는 진리의 복음이 선포되게 하셨습니다. 그때마다 예수님은 베드로를 보내서서 천국 복음의 열쇠를 쓰게 하셨습니다. 예수님께서 베드로에게 맡기신 천국 열쇠가 무엇인지 알 수 있습니다(마 16:19). 예수께서 물과 성령으로 나지 아니하면 하나님 나라에 들어갈 수 없다고 하신 말씀과 연관된 것입니다. 물은 물로 세례를 받는 것을 의미하고 성령은 성령을 받는 것을 의미합니다(벧전 3:21). 성령은 사람이 줄 수 있는 것이 아니고 오직 예수님께서 주시는 것입니다. 물세례를 주는 이는 예수님이 아니고 예수님이 보내신 전도자들이 주는 것입니다. 사마리아인들에게는 빌립이 세례를 주었고 그들에게 성령을 부어주신 분은 예수님이셨습니다. 에베소에서 제자들에게 사도 바울이 세례를 주었고 그들에게 성령을 주신 분은 예수님이셨습니다. 사울에게 세례를 준 제자는 아나니아였고 그에게 성령을 주신 분은 예수님이셨습니다. 물과 성령으로 (거듭)나는 복음에 있어서 예수님과 예수님의 제자들의 역할분담이 있다는 것을 알 수 있습니다.

그러므로 복음을 전하는 전도들에게는 복음을 전했을 때 믿는 자들에게 예수 그리스도의 이름으로 세례를 주는 것이 가장 중요한 사명이 됩니다. 진실로 진실로, 물과 성령으로 나는 복음에서 사람이 주어야 할 세례는 필수적인 순종입니다. 물세례야말로 예수님께서 보내신 자와 복음을 듣고 믿는 자가 죄사함을 위해 함께 서로 주고받음으로 순종해야 할 절대적으로 중요한 것입니다.

천국 열쇠는 ①믿고 회개하여 ②예수 이름으로 세례를 받아 죄사함을 얻고 ③성령을 선물로 받는 것입니다. 믿음으로 회개, 세례, 성령 받음이 복음의 핵심 요소들입니다. 회개는 믿는 자 스스로 해야 하는 일입니다. 성령은 전적으로 예수님이 부어주시는 것입니다. 세례는 하나님이 사도들에게 위임하신 놀라운 사명이자 특권이란 말입니다.

'진실로'를 여섯 번이나 언급한(요 3:3,5,11), 물과 성령으로 나는 것에서 '물'은 물로 세례를 받는 것을 의미한다고 천국 열쇠를 받은 베드로가 구체적으로 분명하게 증거했습니다.

> 물은 예수 그리스도의 부활하심으로 말미암아 이제 너희를 구원하는 표니 곧 세례라 육체의 더러운 것을 제하여 버림이 아니요 오직 선한 양심이 하나님을 향하여 찾아가는 것이라 (베드로전서 3:21)

물과 성령으로 나지 아니하면 하나님 나라에 들어갈 수 없습니다. 물로 세례를 받지 않으면 하나님 나라에 들어갈 수 없다는 말입니다. 베드로는 그분의 부활로 물이 '너희를 구원하는 표 즉 세례'라고 확증했습니다.

2.3. 내가 어떻게 하여야 구원을 받으리이까?

복음을 논할 때 사도행전 2장은 빼놓아서는 안 되는 아주 중요한 장입니다. 120여 명의 제자들이 인류 역사상 처음으로 성령을 받았습니다. 천국 열쇠를 받은 베드로가 천국의 문을 여는 비밀을 선포합니다.

> 37. 그들이 이 말을 듣고 마음에 찔려 베드로와 다른 사도들에게 물어 이르되 형제들아 우리가 어찌할꼬 하거늘 38. 베드로가 이르되 너희가 회개하여 각각 예수 그리스도의 이름으로 세례를 받고 죄 사함을 받으라 그리하면 성령의 선물을 받으리니 39. 이 약속은 너희와 너희 자녀와 모든 먼 데 사람 곧 주 우리 하나님이 얼마든지 부르시는 자들에게 하신 것이라 하고 40. 또 여러 말로 확증하며 권하여 이르되 <u>너희가 이 패역한 세대에서 구원을 받으라 하니</u> 41. <u>그 말을 받은 사람들은 세례를 받으매</u> 이 날에 신도의 수가 삼천이나 더하더라 (사도행전 2장)

베드로의 설교를 듣고 예수 그리스도가 하나님의 아들이며 구원자이심을 깨닫게 된 유대인들이 마음에 찔려 묻습니다. '형제들아 우리가 어찌할꼬?' 이에 베드로가 대답합니다. '너희가 이 패역한 세대에서 구원을 받으라'. '구원 받으라'는 말을 받은 사람들이 세례를 받았습니다.

기적적으로 예수 그리스도를 믿게 된 사울 역시 오순절 날 유대인들이 베드로에게 질문했던 것처럼 '주여 무엇을 하리이까'라고 질문했습니다. 예수께서 율법에 능한 사울에게 율법으로 칭찬받는 아나니아를 특별히 보내어 답을 주셨습니다(행 22:12).

> 10. 내가 가로되 주여 무엇을 하리이까 주께서 가라사대 일어나 다메섹으로 들어가라 정한바 너의 모든 행할 것을 거기서 누가 이르리라 하시거늘 …
> 16. 이제는 왜 주저하느뇨 일어나 주의 이름을 불러 세례를 받고 너의 죄를 씻으라 하더라 (사도행전 22장)

　그 상황에서 진실한 사람이라면 누구나 같은 질문을 할 것입니다. 예수님은 사울이 해야 할 일을 직접 말씀해 주시지 않고 대신 다메섹으로 들어가 기다리면 행할 것을 알려 줄 자를 보내겠다고 대답하셨습니다. 예수님은 아나니아라는 제자를 사울에게 보내셔서 사울의 질문에 대한 답을 주게 하셨습니다. 그 답은 바로 '주(=예수)의 이름을 불러 세례를 받고 너의 죄를 씻으라'였습니다. 예수님의 명령, 그분의 약속을 신실하게 믿고 따르기로 회개한 사람이라면 세례를 받을 것입니다.
　처음 복음을 듣고 믿기로 결심한 사람이라면 당연히 같은 질문을 할 것입니다. '이제 내가 무엇을 해야 할까요?' '내가 어떻게 하면 구원을 얻을 수 있습니까?' 이후 수많은 사람들 중에서 이 질문이 계속되었습니다.

　사도 바울에게 빌립보 감옥의 간수도 같은 질문을 했습니다.

> 30. 그들을 데리고 나가 이르되 선생들이여 내가 어떻게 하여야 구원을 받으리이까 하거늘 31. 이르되 주 예수를 믿으라 그리하면 너와 네 집이 구원을 받으리라 하고 32. 주의 말씀을 그 사람과 그 집에 있는 모든 사람에게 전하더라 33. 그 밤 그 시각에 간수가 그들을 데려다가 그 맞은 자리를 씻어 주고 자기와 그 온 가족이 다 세례를 받은 후 34. 그들을 데리고 자기 집에 올라가서 음식을 차려 주고 그와 온 집안이 하나님을 믿으므로 크게 기뻐하니라 (사도행전 16장)

감옥에서 일어난 기적을 통해서 간수는 바울이 전한 예수님을 그리스도로 믿게 되었습니다. 그러자 그는 바울 앞에 무릎을 꿇고 '내가 어떻게 하면 구원을 얻을 수 있습니까?'라고 묻습니다. 이 정직한 질문에 사도 바울은 구원의 복음을 전하고 간수와 그 가족 모두에게 세례를 줍니다. 구원을 받기 위해서 간수와 그 가족이 한 것은 복음을 믿고 세례를 받는 것이었습니다. 31절에서 바울이 말한 '주 예수를 믿으라'는 말을 구체적으로 말하면 '예수님이 너의 죄를 대신 지고 돌아가셨으니 너는 회개하여 예수의 이름으로 세례를 받고 죄사함을 얻으라'입니다.

'세례'(洗禮)라는 단어는 '씻는 의례'이라는 뜻입니다. 성경에 따르면 죄를 씻는 의례(儀禮)입니다. 죄를 씻지 않으면 구원을 얻을 수가 없습니다. 그러므로 세례를 받지 않으면 구원을 얻을 수가 없습니다. 반대로 세례를 받으면 죄사함을 얻게 됩니다. 죄사함을 얻으면 구원을 얻을 수 있습니다. 결국 죄를 씻게 해 주는 세례는 믿음의 필수요소라는 말입니다.

2.4. 그러면 너희가 무슨 세례를 받았느냐?

복음을 들은 자가 그 복음을 믿기로 하였을 때 '내가 무엇을 해야 할까요?'라고 묻는 것은 아주 자연스럽고 정직한 태도라고 했습니다. 복음을 전하는 자는 전도 대상이 먼저 질문을 하면 그 질문에 올바르게 답변해야 합니다. 이번에는 복음을 전하는 자가 구원받아야 할 대상자에게 다가갈 때 어떤 질문들을 했는지 살펴봅시다.

1. 아볼로가 고린도에 있을 때에 바울이 윗 지방으로 다녀 에베소에 와서 어떤 제자들을 만나 2. 가로되 너희가 믿을 때에 성령을 받았느냐 가로되 아니라 우리는 성령이 있음도 듣지 못하였노라 3. 바울이 가로되 그러면 너희가 무슨 세례를 받았느냐 대답하되 요한의 세례로라 4. 바울이 가로되 요한이 회개의 세례를 베풀며 백성에게 말하되 내 뒤에 오시는 이를 믿으라 하였으니 이는 곧 예수라 하거늘 5. 저희가 듣고 주 예수의 이름으로 세례를 받으니 6. 바울이 그들에게 안수하매 성령이 그들에게 임하시므로 방언도 하고 예언도 하니 7. 모두 열 두 사람쯤 되니라 (사도행전 19장)

사도 바울이 에베소에서 예수님을 믿는 제자들을 만났습니다. 그러나 그들이 물과 성령으로 (거듭) 났는지는 몰랐습니다. 바울이 먼저 그들에게 '성령을 받았느냐'고 물었습니다. 이는 복음에 있어서 가장 중요하고 핵심적인 질문입니다. 그런데 그들은 성령 받는 것을 모른다고 대답했습니다. 이에 바울은 복음에 있어서 또 다른 핵심 질문을 합니다. '그러면 너희가 무슨 세례를 받았느냐?' 그들은 요한의 세례를 받았다고 대답했습니다. 요한이 물세례와 함께 성령침례를 전했지만 그들은 이 두 가지에 대해서 정확하게 알지 못했습니다. 이제 바울은 그들에게 복음의 두 핵심을 알려 줍니다. 그는 요한의 세례는 사람들을 예수님께로 인도하는 세례이므로 이제 예수의 이름으로 세례를 받아야 한다고 전했습니다. 전도자가 할 수 있는, 그리고 해야 하는 가장 중요한 일, 예수께서 위임하신 특별한 사명을 충성스럽게 수행하였습니다. 즉 그들에게 예수의 이름으로, 죄사함을 얻게 하는 세례를 주었습니다. 그러자 하나님께서 그들에게 성령을 부어 주셨습니다. 그들도 물과 성령으로 (거듭)나게 되었습니다. 이것은 율법의 선생이었던 니고데모도 깨닫지 못했던, 은혜와 진리의 복음입니다.

2.5. 너희가 손으로 하지 아니한 할례를 받았으니

창세기 17장은 하나님께서 '믿음의 조상'인 아브라함과 그의 후손들과 언약을 세우시는 사건을 기록했습니다.

> 7. 내가 내 언약을 나와 너와 네 대대 후손의 사이에 세워서 영원한 언약을 삼고 너와 네 후손의 하나님이 되리라 8. 내가 너와 네 후손에게 너의 우거하는 이 땅 곧 가나안 일경으로 주어 영원한 기업이 되게 하고 나는 그들의 하나님이 되리라 9. 하나님이 또 아브라함에게 이르시되 그런즉 너는 내 언약을 지키고 네 후손도 대대로 지키라 10. 너희 중 남자는 다 할례를 받으라 이것이 나와 너희와 너희 후손 사이에 지킬 내 언약이니라 11. 너희는 양피를 베어라 이것이 나와 너희 사이의 언약의 표징이니라 … 14. 할례를 받지 아니한 남자 곧 그 양피를 베지 아니한 자는 백성 중에서 끊어지리니 그가 내 언약을 배반하였음이니라 (창세기 17장)

하나님이 아브라함과 그 후손들과 세우신 언약의 표는 할례였습니다. 할례의 언약을 통해서 하나님은 아브라함과 그 후손을 하나님의 백성으로 삼으셨습니다. 아브라함과 그의 후손들은 모두 할례를 받아야 하며 만약 누구든지 할례를 받지 않으면 하나님과의 언약을 배반한 것이며 하나님의 백성 중에서 끊어지게 됩니다. 또한 하나님은 아브라함과 맺은 할례의 언약이 영원한 언약이라고 말씀하셨습니다.

그런데 사도 바울은 이 할례를 비판하면서, 이 할례를 받는 자들은 오히려 저주를 받을 것이라고 경고했는데 그 이유가 무엇일까요?

1. 그리스도께서 우리로 자유케 하려고 자유를 주셨으니 그러므로 굳세게 서서 다시는 종의 멍에를 메지 말라 2. 보라 나 바울은 너희에게 말하노니 너희가 만일 할례를 받으면 그리스도께서 너희에게 아무 유익이 없으리라 3. 내가 할례를 받는 각 사람에게 다시 증거하노니 그는 율법 전체를 행할 의무를 가진 자라 4. 율법 안에서 의롭다 함을 얻으려 하는 너희는 그리스도에게서 끊어지고 은혜에서 떨어진 자로다 (갈라디아서 5장)

하나님께서 영원한 언약이라고 확증하신 할례를 사도 바울이 비판하고 저주까지 한 이유를 알아야 합니다. 사도 바울은 '너희가 할례를 받으면 그리스도가 너희에게 아무 유익이 없을 것'이라고 말합니다. 그리고 '율법 안에서 할례(행위)를 통해서 의롭다 함을 얻으려고 하는 자는 그리스도에게서 끊어질 것'이라고 단호하게 증언합니다. 하나님께서 할례를 받지 않으면 하나님의 백성 중에서 끊어질 것이라고 하신 말씀을 사도 바울이 계시를 통해 깨달은 복음이 무엇인지를 설명하는 것입니다.

할례는 하나님이 아브라함과 그의 후손들 즉 하나님이 선택한 민족인 유대인들에게 주신 약속입니다. 그렇다면 유대인은 아니지만 예수 그리스도를 믿는 그리스도인들에게 할례는 어떤 의미가 있는 걸까요? 율법은 모세로 말미암아 왔고 은혜와 진리의 믿음은 예수 그리스도로 말미암아 왔습니다(요 1:17; 4:23,24; 8:32). 만약 우리가 아브라함의 믿음의 후손이라면 우리도 믿음에 속한, 영원한 할례가 있다는 의미가 아니겠습니까? 우리가 아브라함의 후손인지 아닌지에 관해서 사도 바울은 로마서를 통해 아주 단순하고 명료하게 설명해 줍니다.

16. 그러므로 후사가 되는 이것이 은혜에 속하기 위하여 믿음으로 되나니 이는 그 약속을 그 모든 후손에게 굳게 하려 하심이라 율법에 속한 자에게 뿐 아니라 아브라함의 믿음에 속한 자에게도니 아브라함은 하나님 앞에서 우리 모든 사람의 조상이라 (로마서 4장)

바울은 아브라함이 구약의 선민뿐만 아니라 신약의 모든 성도들에게도 믿음의 조상이라고 설명합니다. 바울은 자신과 로마교회 그리스도인들과 그리고 본래 이방인이었던 모든 신약 성도들도 아브라함의 후손이라고 말합니다. 이 말은 그리스도를 믿고 물과 성령으로 거듭난 모든 성도들은 유대인이든 이방인이든, 아브라함의 믿음의 후손(신령한)이라는 말입니다. 하나님의 육체적 선민의 삶을 통하여 신령한 선민이 될 자들의 모형과 그림자 역할을 했다는 말이며, 그중에 육체적 할례도 그렇다는 말입니다. 그리스도를 믿고 거듭난 사람이라면 유대인이나 이방인의 차이가 없습니다. 그러므로 유대인들도 믿음에 속한 신령한 할례를 받아야 아브라함의 신령한 후손이 될 수 있다는 말입니다. 그래서 사도 바울은 표면적 유대인과 이면적 유대인이라는 말로 그 차이를 설명합니다.

28. 대저 표면적 유대인이 유대인이 아니요 표면적 육신의 할례가 할례가 아니라 29. 오직 이면적 유대인이 유대인이며 할례는 마음에 할찌니 신령에 있고 의문에 있지 아니한 것이라 그 칭찬이 사람에게서가 아니요 다만 하나님에게서니라 (로마서 2장)

그것은 육체적 선민과 신령한 선민으로의 구별입니다. 육신적 유대인과 영적인 유대인이라는 구별입니다. 의문의 유대인과 신령한 유대인이라는 구별입니다. 바울은 구약의 표면적 유대인과 신약의 이면적 유대인이라고 구별합니다. 표면적 유대인의 정체성을 나타내는 가장 중요한 특징이 바로 육신적 할례입니다. 그렇다면 이면적 유대인 즉 그리스도를 믿는 사람들의 정체성을 나타내는 가장 중요한 특징은 무엇일까요? 그것은 율법과 육신과 의문에 속한 할례가 아니고, 이면과 마음과 신령에 속한 그리스도의 할례입니다. 그렇다면 그리스도를 믿는 자들에게 무엇이 이면적 할례 즉 진실로 영원하고 신령한 실체적인 할례일까요?

이 실체(實體)에 대한 답도 사도 바울이 골로새서에 기록하였습니다.

11. 또 그 안에서 너희가 손으로 하지 아니한 할례를 받았으니 곧 육적 몸을 벗는 것이요 그리스도의 할례니라 12. 너희가 세례로 그리스도와 함께 장사한바 되고 또 죽은 자들 가운데서 그를 일으키신 하나님의 역사를 믿음으로 말미암아 그 안에서 함께 일으키심을 받았느니라 13. 또 너희의 범죄와 육체의 무할례로 죽었던 너희를 하나님이 그와 함께 살리시고 우리에게 모든 죄를 사하시고 14. 우리를 거스리고 우리를 대적하는 의문에 쓴 증서를 도말하시고 제하여 버리사 십자가에 못 박으시고 15. 정사와 권세를 벗어버려 밝히 드러내시고 십자가로 승리하셨느니라 16. 그러므로 먹고 마시는 것과 절기나 월삭이나 안식일을 인하여 누구든지 너희를 폄론하지 못하게 하라 17. 이것들은 장래 일의 그림자이나 몸은 그리스도의 것이니라 (골로새서 2장)

이방인들로서 거듭난 골로새교회의 성도들은 손으로 하지 않은 할례를 받았는데 그 할례는 그리스도의 할례입니다. 그러면, 그들이 받은 그리스도의 할례는 무엇일까요? 바울은 신령한 할례를 예수 그리스도의 이름으로 받은 세례라고 증거했습니다. 세례를 받아 그리스도와 함께 죽고 장사될 때 육체의 몸 자체를 벗는다고 설명했습니다. 표면적 유대인은 표면적 할례를 받았지만 이면적 유대인이 되기 위해 이면적 할례를 받아야 합니다. 표면적 유대인은 구약의 할례, 율법의 할례를 받았지만 이면적 유대인이 되려면 그리스도의 할례 즉 물세례를 받아야 합니다.

하나께서 영원한 언약의 할례를 말씀하셨기에 그리스도의 할례를 받은 성도들이 율법의 육신의 할례를 받으면 그리스도의 은혜에서 떨어질 것이라고 경고했습니다. 그 할례를 다시 받으면 그리스도의 은혜에서 떨어지게 되는 이유를 골로새서 2장 16-17절에서 발견할 수 있습니다. 바울은 '먹고 마시는 것과 절기나 월삭이나 안식일'을 장래 일의 그림자라고 말합니다. 그 그림자의 실체(몸)는 그리스도 안에 있는 것입니다. 그림자를 보면 실체인 몸을 부분적으로 짐작할 수 있으나 그림자는 실체가 아닙니다. 하나님께서 모세를 통해서 이스라엘 백성에게 명하신 할례를 가리켜 하늘의 실체를 보이기 위한 그림자라고 합니다. 그리스도의 할례는 은혜와 진리에 속한 실체로 영원한 것입니다.

율법은 모세로 말미암아 주신 것이요 은혜와 진리는 예수 그리스도로 말미암
아 온 것이라 (요한복음 1:17, 참고 요 4:23,24; 8:32)

사도 바울은 성령의 계시를 통해 예수께서 하신 말씀을 깨달았습니다.
모세의 할례는 율법에 속한 것이며 예수 이름으로 받는 (물)세례는 그리스
도에게 속한 실체인 할례라는 것입니다. 실체가 오기 전에는 그림자를 따
르지만 실체가 오면 그림자가 아닌 실체를 따라야 합니다.
할례를 받으면 그리스도의 은혜에서 끊어질 것이라는 사도 바울의 말은
할례가 영원하다는 하나님의 말씀을 부인하는 것이 아니고 오히려 그 말
씀을 확증하는 것입니다. 하나님이 말씀하신 할례에는 그림자와 몸(실체)
이라는 차이가 있습니다. 예수 그리스도의 은혜와 진리인 실체가 왔으므
로 그림자는 폐하여지게 되는 것입니다. 할례의 그림자가 폐하여졌다고
해서 실체의 할례가 폐하여 진 것이 아닙니다. 왜냐하면 할례의 실체는
사라지지 않고 변함도 없이 영원한 것이기 때문입니다.
히브리서 8장도 모세의 율법이 그림자라는 것을 확증하고 있습니다.

4. 예수께서 만일 땅에 계셨더면 제사장이 되지 아니하셨을 것이니 이는 율
법을 좇아 예물을 드리는 제사장이 있음이라 5. 저희가 섬기는 것은 하늘에
있는 것의 모형과 그림자라 모세가 장막을 지으려 할 때에 지시하심을 얻음
과 같으니 가라사대 삼가 모든 것을 산에서 네게 보이던 본을 좇아 지으라 하
셨느니라 (히브리서 8장)

'저희가 섬기는 것'이란 '율법의 행위'를 가리킵니다. 모세가 땅에 세운
장막도 율법에 속하는 것입니다. 그런데 이것들은 '하늘에 있는 것의 모형
과 그림자'라고 증거하고 있습니다. 땅에 있는 것은 하늘에 있는 것의 그
림자요 모형입니다. 구약의 할례는 땅에 속한 것이며, 예수 그리스도의 세
례는 하늘에 속한 것입니다. 그러므로 구약의 할례는 그리스도의 할례 즉
세례의 그림자요 모형에 불과한 것입니다. 예수 그리스도의 은혜와 진리
로 구원을 얻는 우리는 하늘에 속한 할례, 그리스도에게 속한 할례, 곧
세례를 받는 것입니다. 베드로전서 3장에서 베드로는 세례가 우리를 구원
하는 실체라고 확증합니다.

21. 물은 예수 그리스도의 부활하심으로 말미암아 이제 너희를 구원하는 표
니 곧 세례라 육체의 더러운 것을 제하여 버림이 아니요 오직 선한 양심이 하
나님을 향하여 찾아가는 것이라 (베드로전서 3장)

베드로는 "물은 … 너희를 구원하는 표니 곧 세례라"고 말합니다. 난하
주가 있는 성경을 보면 '표'가 '실체'를 의미한다는 것을 알 수 있습니다.
그러므로 베드로는 "물은 … 이제 너희를 구원하는 실체니 곧 세례라'고
말하는 것입니다. 표면적 유대인들은 그림자인 표면적 할례를 받았습니다.
실체인 예수 그리스도의 복음을 믿는 성도는 이면적 할례 즉 그리스도의
할례인 세례를 받아 죄의 옛사람을 벗어버렸습니다.

2.6. 조상들이 모세에게 속해 다 구름과 바다에서 세례를 받고

세례는 예수 그리스도의 은혜와 진리에 속한 것입니다. 그런데 사도 바
울은 '모세에게 속한 조상들도 세례를 받았다'고 가르칩니다.

1. 형제들아 너희가 알지 못하기를 내가 원치 아니하노니 우리 조상들이 다
구름 아래 있고 바다 가운데로 지나며 2. 모세에게 속하여 다 구름과 바다에
서 세례를 받고 3. 다 같은 신령한 식물을 먹으며 4. 다 같은 신령한 음료를
마셨으니 이는 저희를 따르는 신령한 반석으로부터 마셨으매 그 반석은 곧
그리스도시라 (고린도전서 10장)

조상들이 모세에게 속하여 바다에서 세례를 받았다는 것은 무엇을 의미
할까요? 조상들이 바다에서 세례를 받았다는 것은 그들이 애굽에서 나올
때 홍해를 건넌 사건을 가리킵니다. 이스라엘 백성들은 애굽에서 종의 신
분으로 살았습니다. 하나님의 인도하심으로 그들은 애굽에서 나와 종의
신분으로부터 해방되어 자유인이 되었습니다. 하나님은 홍해 바다를 가르
시고 이스라엘 백성을 바다 가운데 길로 인도하셨습니다. 이 사건을 두고
사도 바울은 조상들이 바다에서 세례를 받은 것이라고 말합니다.
　당시의 홍해는 시냇물이나 얕은 강물이 아니었습니다.

이미 앞부분(2.5.)에서 설명했듯이, 하나님이 모세를 통해서 이스라엘 백성에게 주신 율법은 하늘에 있는 것의 모형이요 그림자이며, 아들이신 예수 그리스도를 통해서 주신 복음은 그 모형과 그림자의 실체라는 것을 확인했습니다. 그리고 아브라함의 할례가 예수 그리스도의 이름으로 받는 세례의 그림자라는 것을 살펴보았습니다. 히브리서 10장에서도 율법은 장차 오는 좋은 일의 그림자라고 말합니다.

> 율법은 장차 오는 좋은 일의 그림자요 참형상이 아니므로 해마다 늘 드리는 바 같은 제사로는 나아오는 자들을 언제든지 온전케 할 수 없느니라 (히브리서 10:1)

모세에 속한 율법이 예수 그리스도에게 속한 은혜와 진리의 그림자이며 모형이라고 확증하는 것입니다. 왜 사도 바울은 고린도교회 성도들에게 유대 조상들이 바다에서 세례를 받았다고 말했을까요? 이스라엘 백성들이 홍해를 건넌 사건을 세례의 그림자와 모형이라고 설명하면서 사도 바울이 우리에게 알려주는 것은 무엇일까요? 구약성경은 하나님이 홍해 바다에서 행하신 일이 신약의 세례를 믿는 우리에게 어떤 역사를 이루어주시는지 구체적으로 알려준다는 것입니다.

> 28. 물이 다시 흘러 병거들과 기병들을 덮되 그들의 뒤를 쫓아 바다에 들어간 바로의 군대를 다 덮고 하나도 남기지 아니하였더라 29. 그러나 이스라엘 자손은 바다 가운데 육지로 행하였고 물이 좌우에 벽이 되었었더라 30. 그 날에 여호와께서 이같이 이스라엘을 애굽 사람의 손에서 구원하시매 이스라엘이 바닷가의 애굽 사람의 시체를 보았더라 (출애굽기 14:28-30)

> 3. 애굽에서 그 왕 바로와 그 전국에 행하신 이적과 기사와 4. 또 여호와께서 애굽 군대와 그 말과 그 병거에 행하신 일 곧 그들이 너희를 따를 때에 홍해 물로 그들을 덮어 멸하사 오늘까지 이른 것과 (신명기 11:3-4)

> 병거와 말과 군대의 용사를 이끌어 내어서 그들로 일시에 엎드러져 일지 못하고 소멸하기를 꺼져가는 등불 같게 한 나 여호와가 말하노라 (이사야 43:17)

홍해의 물이 애굽의 군대를 수장(水葬)하고 하나도 남기지 않았습니다. 하나님께서 홍해의 물로 애굽의 병거와 말과 병사들이 다 수장되게 하셨습니다. 바로가 지배하는 애굽은 사단이 지배하는 이 세상을 상징합니다. 그리고 애굽의 군대는 죄의 권세를 상징합니다. 조상들이 홍해를 건널 때 하나님이 애굽의 군대를 홍해의 물로 덮어 멸하였다는 것은 우리가 세례를 받을 때 하나님께서 말씀으로 죄의 권세를 멸하셨다는 것을 뜻합니다. 홍해를 건넌 조상들을 더 이상 애굽의 군대가 쫓아오지 못하는 것처럼, 세례를 받은 그리스도인을 더 이상 죄의 권세가 쫓아오지 못하게 됩니다. 홍해를 건너게 하심으로 하나님이 조상들을 애굽의 군대로부터 완전히 구원하신 것처럼, 세례를 받게 하심으로 하나님이 우리를 죄의 권세로부터 완전히 구원하시는 것입니다.

모세에게 속한 조상들은 홍해 바다에서 '세례를 받음으로' 종의 나라인 애굽에서 나와 하나님이 약속하신 땅으로 들어가는 여정을 시작했습니다. 예수 이름으로 세례를 받음으로써 우리는 죄에서 나와 하나님의 나라로 들어가는 여정을 시작하게 됩니다. 그러므로 조상들도 우리처럼 세례를 받은 것이고 우리도 조상들처럼 홍해를 건너온 것입니다. 홍해를 건너온 것과 물로 세례를 받은 것은 종의 신분에서 벗어나 자유를 얻게 하는, 하나님의 놀라운 기적이며 은혜입니다. 홍해는 이스라엘 백성들을 애굽으로부터 영원히 해방시켜 주었습니다. 마찬가지로 예수 이름으로 받는 물세례는 우리를 죄의 권세로부터 영원히 해방시킵니다. 하나님께서 아브라함과 맺은 할례가 신령한 할례(세례)의 그림자요 모형이듯이 조상들이 홍해 바다를 건너는 사건 역시 세례의 그림자요 모형입니다.

2.7. 수다한 고린도 사람도 듣고 믿어 세례를 받더라

믿고 세례를 받음으로 죄사함을 얻는다는 것과 예수께서 제자들에게 '너희가 뉘 죄든지 사하면 사하여질 것'이라고 말씀하신 것과 '모든 족속을 제자로 삼아서 세례를 주라'고 명령하신 것을 살펴보았습니다. 그리고 예수님의 명령을 받은 제자들은 믿고 회개하는 자들에게 세례를 줌으로써 그들의 죄가 사해지게 하는 사명을 담당한 것도 살펴보았습니다.

여기서 생각해 보아야 할 아주 중요한 사실이 있습니다. 예수님이 모든 족속을 제자로 삼아 세례를 주라고 하셨는데 그럼 어떤 사람이 물세례를 받을 수 있을까요? 어떠한 조건도 없이 아무에게나 세례를 주고 아무나 세례를 받을 수 있는 걸까요? 카톨릭교회 및 일부 개신교회에서는 세례가 단지 구원받은 자가 받는 형식이라 여겨 영아나 유아에게 세례라는 것을 주고 있습니다. 태어난 지 얼마 안 된 어린 아기들이나 하나님을 말씀을 앚지 못하는 유아에게 주는 세례는 성경적일까요?

먼저 베드로가 전하는 복음을 듣고 3천 명이나 되는 사람들이 세례를 받았던 상황을 생각해 봅시다. 베드로는 그의 설교를 믿고 마음이 찔린 자들에게 '너희가 회개하여' 세례를 받으라고 했습니다. 세례를 받으려면 믿고 회개하는 일이 선행되어야 한다는 것을 보여주고 있습니다. 유아는 죄나 믿음이나 회개는 물론 예수님도 모릅니다. 그들은 예수님을 믿거니 회개할 수 없습니다. 성경에도 사도들이 유아세례를 준 사례가 없습니다. 세례 요한도 사람들에게 회개하라고 전했고, 그 말을 믿은 사람들은 죄를 자복하며 회개한 후에 세례를 받았습니다.

> 1. 그 때에 세례 요한이 이르러 유대 광야에서 전파하여 가로되 2. 회개하라 천국이 가까왔느니라 하였으니 … 5. 이때에 예루살렘과 온 유대와 요단강 사방에서 다 그에게 나아와 6. 자기들의 죄를 자복하고 요단강에서 그에게 세례를 받더니 (마태복음 3장)

천국 복음을 전할 때 예수님과 제자들도 회개하라고 명하셨습니다.

> 이때부터 예수께서 비로소 전파하여 가라사대 회개하라 천국이 가까왔느니라 하시더라 (마태복음 4:17)

> 제자들이 나가서 회개하라 전파하고 (마가복음 6:12)

예수 그리스도를 믿을 때 회개는 아주 중요한, 필수적인 순종입니다. 회개하고 세례를 받으라는 베드로의 말을 듣고 세례를 받으러 나온 3천 명은 모두 회개하였기에 세례를 준 것입니다.

그리스도의 복음을 듣고도 믿지 않는 사람은 회개하지 않을 테지만 그 복음을 진심으로 믿는다면 바로 죄를 회개해야 됩니다. 회개는 죄를 뉘우치고 버려서 어린양 되신 예수 그리스도께 연합하는 것입니다. 다른 말로 회개란 자신의 육신과 육신의 정욕과 세상에 대해 십자가에 못을 박는 것입니다. 따라서 세례를 받기 위해 회개가 반드시 필요합니다. 즉 회개하지 않은 사람은 하나님의 어린양과 연합된 자가 아닙니다.

이번에는 믿음의 세례에 대해서 살펴봅시다. 예수님은 '회개하고 복음을 믿으라'(막 1:15)고 하셨고, 제자들도 복음을 전할 때 '믿고 세례를 받으라'고 전했습니다. 그리고 그 복음을 받아들인 사람들은 '믿고 세례를 받았다'라고 기록되어 있습니다.

> 믿고 세례를 받는 사람은 구원을 얻을 것이요 믿지 않는 사람은 정죄를 받으리라 (마가복음 16:16)

> 12. 빌립이 하나님 나라와 및 예수 그리스도의 이름에 관하여 전도함을 저희가 믿고 남녀가 다 세례를 받으니 13. 시몬도 믿고 세례를 받은 후에 전심으로 빌립을 따라 다니며 그 나타나는 표적과 큰 능력을 보고 놀라니라 (사도행전 8장)

> 또 회당장 그리스보가 온 집으로 더불어 주를 믿으며 수다한 고린도 사람도 듣고 믿어 세례를 받더라 (사도행전 18장)

사도들이 복음을 전했고 죄인들이 들었습니다. 죄에서 구원을 받으라는 말씀을 들은 이들이 죄씻음의 복음을 믿고 세례를 받았습니다. 그러므로 세례를 받기 위해서는 반드시 믿음이 있어야 합니다. 믿지 않는 사람은 세례를 받아도 의미가 없습니다. 구원을 얻기 위해서는 참된 복음을 들어야 하고, 그대로 믿어야 할 뿐만 아니라 회개하고 믿음으로 세례를 받아야 죄사함을 얻습니다. 예수님과 복음을 믿는다는 것은 예수님이 구원자이심을 믿고 회개하여 그의 이름으로 세례를 받는 것입니다. 예수님을 구주로 믿고, 내 죄를 대신 지신 것을 믿고 회개하며, 죄 사함을 주시는 약속을 믿음으로 세례를 받기에 '믿음'은 항상 기초가 됩니다.

지금까지 '믿음'과 '회개'의 세례에 대해서 살펴보았습니다.

이제 다음 세 가지의 표현이 서로 어떻게 다른지 비교해 봅니다.

①예수 그리스도를 믿으면 구원을 얻는다.
②예수 그리스도를 믿고 세례를 받으면 구원을 얻는다.
③예수 그리스도를 믿고 회개하여 세례를 받으면 구원을 얻는다.

'믿음'이라는 단어는 추상적이고 포괄적인 의미를 가지는 반면에 '세례'라는 단어는 아주 구체적이고 분명한 의미를 가집니다. 일상적으로 어떤 것에 대해서 말할 때 포괄적으로 말할 때도 있고 구체적으로 말할 때도 있습니다. ①은 포괄적이고 추상적인 표현인 반면 ②는 구체적이고 분명한 표현입니다. 그리고 ③은 ②보다 더 구체적인 표현입니다. 이 세 표현은 서로 모순이 아닙니다. 그렇지만 ①처럼 말해야 할 때가 있고 ②나 ③처럼 말해야 할 때도 있습니다. 예수님에 대해서 들어본 적도 없는 사람에게 처음으로 복음을 전할 때에는 ②나 ③처럼 말하기보다는 ①처럼 말하는 것이 지혜로운 전도 방법입니다. 그리고 ①을 듣고 그것을 믿고자 하는 사람이라면 예수 그리스도를 믿는 것이 구체적으로 무엇인지 묻게 될 것입니다. 그런 상황에서 또 다시 ①을 반복해서 말하지는 않습니다. 그런 상황이라면 당연히 ②나 ③처럼 구체적이고 분명한 믿음의 내용/연합 방법을 알려 주어야 합니다. 이것이 사도들이 복음을 전파하고 사람들이 복음을 믿게 될 때 일어나는 자연스러운 일들이며 성경에 분명하게 기록되어 있습니다. 사도 바울이 빌립보 감옥의 간수에게 복음을 전할 때 그와 같은 일이 일어난 것을 볼 수 있습니다.

31. 가로되 주 예수를 믿으라 그리하면 너와 네 집이 구원을 얻으리라 하고
32. 주의 말씀을 그 사람과 그 집에 있는 모든 사람에게 전하더라 33. 밤 그 시에 간수가 저희를 데려다가 그 맞은 자리를 씻기고 자기와 그 권속이 다 세례를 받은 후 (사도행전 16장)

간수에게 바울은 먼저 '주 예수를 믿으라 그리하면 너와 네 집이 구원을 얻으리라'고 말했습니다. 그 말을 들은 간수가 믿음을 보였는데 사도 바울은 '이제 당신은 지금 구원받았다'라고 말하지 않았습니다.

사도 바울은 그들이 관심을 갖자 (구체적으로/상세히) 복음의 말씀을 전합니다. 그리고 바울이 전하는 복음을 믿은 간수와 그의 가족이 밤 그 시에 모두 세례를 받습니다. 바울이 전한 주의 말씀은 무엇이었을까요? 당연히 마가복음 1장 15절과 마가복음 16장 16절 등의 약속입니다.

이번에는 바울이 고린도 사람들에게 복음을 전하는 상황을 살펴봅시다.

> 7. 거기서 옮겨 하나님을 공경하는 디도 유스도라 하는 사람의 집에 들어가
> 니 그 집이 회당 옆이라 8. 또 회당장 그리스보가 온 집으로 더불어 주를 믿
> 으며 수다한 고린도 사람도 듣고 믿어 세례를 받더라 (사도행전 17장)

회당장 그리스보가 온 집으로 더불어 주를 믿었으며 수다한 고린도 사람들도 듣고 믿어 세례를 받았습니다. 회당장 그리스보는 세례를 받았을까요? 물론 그리스보도 수다한 고린도 사람들처럼 세례를 받았습니다(행 18:8; 고전 1:14). 그러면 세례를 받은 수많은 고린도 사람들은 회개했을까요? 회개하지 않으면 다 망한다고 수많은 성경 말씀이 증거하므로 물론 회개했을 것입니다(시 7:12; 막 1:15; 눅 5:32; 10:13; 13:3; 24:47). 주 예수를 믿는다는 말은 예수님이 구주이신 것을 믿고 그의 이름으로 세례를 받는다는 말과 다르지 않습니다. 그 말은 또한 예수를 믿고 회개하여 세례를 받는다는 말과 다르지 않습니다.

3. 내가 복음을 위하여 모든 것을 행함은 복음에 참여하고자 함이라

복음(福音, Good News)이란 무엇일까요? 그리고 복음을 믿는다는 것은 무엇을 의미할까요? 물론 예수님을 하나님의 아들로서 구원자로 오신 그리스도/메시야이시라고 믿는 것입니다. 그리고 예수님이 우리의 죄를 대신 지시고 십자가에 돌아가시고 장사되셨다가 장사된 지 사흘 만에 부활하셨다는 것을 믿는 것입니다.

1. 형제들아 내가 너희에게 전한 복음을 너희로 알게 하노니 이는 너희가 받은 것이요 또 그 가운데 선 것이라 2. 너희가 만일 나의 전한 그 말을 굳게 지키고 헛되이 믿지 아니하였으면 이로 말미암아 구원을 얻으리라 3. 내가 받은 것을 먼저 너희에게 전하였노니 이는 성경대로 그리스도께서 우리 죄를 위하여 죽으시고 4. 장사 지낸바 되었다가 성경대로 사흘만에 다시 살아나사 (고린도전서 15장)

복음을 믿는다는 것은 예수 그리스도의 죽으심과 장사되심에 연합하기 위해 그분에 연합되기 위해 그분의 약속을 믿는 것입니다. 그것은 가인과 같이 내 방식이 아닌, 하나님의 방식을 믿음으로 따르는 것입니다.

2. 그럴 수 없느니라 죄에 대하여 죽은 우리가 어찌 그 가운데 더 살리요 3. 무릇 그리스도 예수와 합하여 세례를 받은 우리는 그의 죽으심과 합하여 세례 받은 줄을 알지 못하느뇨 4. 그러므로 우리가 그의 죽으심과 합하여 세례를 받음으로 그와 함께 장사되었나니 이는 아버지의 영광으로 말미암아 그리스도를 죽은 자 가운데서 살리심과 같이 우리로 또한 새 생명 가운데서 행하게 하려 함이니라 5. 만일 우리가 그의 죽으심을 본받아 연합한 자가 되었으면 또한 그의 부활을 본받아 연합한 자가 되리라 6. 우리가 알거니와 우리 옛 사람이 예수와 함께 십자가에 못 박힌 것은 죄의 몸이 멸하여 다시는 우리가 죄에게 종노릇 하지 아니하려 함이니 7. 이는 죽은 자가 죄에서 벗어나 의롭다 하심을 얻었음이니라 (로마서 6장)

사도 바울은 로마교회의 성도들에게 '우리가 죄에 대해서 죽었다'고 말합니다. 나아가 '우리가 죽고 장사되었다'고 말합니다. 어떻게 해서 죄에 대해서 죽고 장사된 것일까요? 사도 바울은 회개로 예수님의 십자가의 죽으심에 연합되며 더 나아가 세례를 받음으로 그분과 함께 장사된다고 증거합니다. 성경은 회개하고 세례를 받는 것이 예수 그리스도의 죽으심과 장사되심에 연합하는 것이라고 분명하게 약속하고 있습니다. 그렇게 예수님과 함께 죽은 사람은 은혜로 죄에서 벗어나 의롭다 하심을 얻을 수 있다고 증거합니다. 예수의 이름으로 세례를 받아 그와 함께 죽고 장사될 때 예수님의 죽음과 장사가 순종한 자의 것이 되는 은혜를 받습니다.

죄인인 우리가 죽고 장사되어야 하는데 예수님이 우리 대신 십자가에서 죽으시고 장사되셨습니다. 그렇다면 우리가 그분의 죽으심과 장사되심에 무엇을 해야 연합할 수 있는지 성경에게 물어보아야 하지 않겠습니까? 그분의 죽으심과 장사되심에 연합되었다고 믿기만 하면 연합된 것일까요? 그 누구도 성경에서 그와 같은 약속을 찾을 수 없습니다. 그 같은 교리는 단지 사람들이 하나님의 약속을 바꾸어놓은, 믿을 수 없는 말일 뿐입니다.

골로새교회에게 보내는 편지에서도 사도 바울은 세례를 받음으로 그리스도와 함께 장사된다고 반복해서 가르치고 있습니다.

> 11. 또 그 안에서 너희가 손으로 하지 아니한 할례를 받았으니 곧 육적 몸을 벗는 것이요 그리스도의 할례니라 12. 너희가 세례로 그리스도와 함께 장사한바 되고 또 죽은 자들 가운데서 그를 일으키신 하나님의 역사를 믿음으로 말미암아 그 안에서 함께 일으키심을 받았느니라 (골로새서 2장)

골로새교회의 성도들은 복음을 믿고 예수 그리스도의 죽음과 장사에 합하여 세례를 받음으로 그리스도의 복음에 연합되었습니다. 또한 그것은 손으로 하지 아니한 할례 즉 그리스도의 할례를 받은 것입니다.

이 은혜를 주시려고 예수님은 승천하시기 전에 제자들에게 모든 사람을 제자로 삼아 세례를 주라고 명령하셨습니다. 예수님은 누구의 죄든지 사하여 주면 사하여지는 은혜를 받을 것이라고 제자들에게 말씀하셨습니다. 그렇기 때문에 베드로와 열한 사도가 '예수 그리스도의 이름으로 세례를 받고 죄 사함을 얻으라'고 권고하였습니다.

아나니아도 큰 체험을 한 사울에게 '주의 이름을 불러 세례를 받고 너의 죄를 씻으라'고 하였습니다. 에베소에서 요한의 세례를 받은 사람들에게도 주 예수의 이름으로 다시 세례를 줌으로 죄사함의 은혜를 주었습니다. 복음을 듣고 예수를 믿어 세례를 받는 자는 다 은혜를 받았습니다.

믿고 세례를 받는 사람은 구원을 얻을 것이요 믿지 않는 사람은 정죄를 받으리라 (마가복음 16장)

12. 빌립이 하나님 나라와 및 예수 그리스도의 이름에 관하여 전도함을 저희가 믿고 남녀가 다 세례를 받으니 13. 시몬도 믿고 세례를 받은 후에 전심으로 빌립을 따라 다니며 (사도행전 8장)

저희가 듣고 주 예수의 이름으로 세례를 받으니 (사도행전 19:5)

그 말을 받는 사람들은 세례를 받으매 이 날에 제자의 수가 삼천이나 더하더라 (사도행전 2:41)

또 회당장 그리스보가 온 집으로 더불어 주를 믿으며 수다한 고린도 사람도 듣고 믿어 세례를 받더라 (사도행전 18:8)

이처럼 예수 그리스도의 복음을 듣고 그 복음을 믿는 사람들은 세례를 받았습니다. 그렇게 함으로써 예수 그리스도의 죽으심과 장사되심에 연합된다고 약속하셨습니다. 옛 사람이 예수와 함께 십자가에 죽고 그와 함께 장사됨으로써 죄에서 벗어나 자유를 얻게 됩니다. 예수님은 우리 죄를 대신해서 죽으시고 장사되셨다가 부활하셨고, 우리는 예수 그리스도의 이름으로 세례를 받아 그분이 주신 복음에 연합되어 구원을 얻는 믿음입니다. 믿고 회개하여 세례를 받으면 죄사함을 받는 것은 약속이요 은혜입니다. 예수 그리스도께 대한 믿음이 없으면 세례를 받을 수 없습니다. 죄사함이 없으면 구원이 없습니다. 예수님과 복음을 믿으면 회개할 것입니다. 회개하면 예수 이름으로 세례를 받습니다. 약속대로 세례를 받으면 은혜로 죄사함을 받을 것이고, 은혜의 선물로 성령을 받을 것입니다.

사도 바울은 '세례로 예수 그리스도로 옷 입는다'고 가르쳐줍니다.

26. 너희가 다 믿음으로 말미암아 그리스도 예수 안에서 하나님의 아들이 되었으니 27. 누구든지 그리스도와 합하여 세례를 받은 자는 그리스도로 옷입었느니라 28. 너희는 유대인이나 헬라인이나 종이나 자주자나 남자나 여자 없이 다 그리스도 예수 안에서 하나이니라 (갈라디아서 3장)

아담이 범죄하자 하나님은 여인의 후손으로 오실 '하나님의 어린양'을 약속해주셨습니다(창 3:15). 하나님이 범죄한 아담에게 짐승의 피를 대신 흘리고 그 가죽옷을 지어 입히심으로 어린양 예수에 대한 그림자를 미리 보여주신 것입니다(창 3:21). 누구든지 하나님의 어린양을 믿고 회개하여 세례를 받으면 하나님의 어린양의 가죽옷을 입은 것이며, 하나님의 약속을 따라 죄사함의 은혜를 받은 것입니다. 죄사함의 은혜뿐만 아니라 예수 그리스도의 부활하신 몸과 같은, 신령하고 영화로운 몸으로 부활의 은혜를 받기 위해 그분 안에 장사되는 약속이 세례인 것입니다.

내가 그리스도와 함께 십자가에 못 박혔나니 그런즉 이제는 내가 산 것이 아니요 오직 내 안에 그리스도께서 사신 것이라 (갈라디아서 2:20)

그리스도 예수의 사람들은 육체와 함께 그 정과 욕심을 십자가에 못 박았느니라 (갈라디아서 5:24)

이는 너희가 죽었고 너희 생명이 그리스도와 함께 하나님 안에 감춰졌음이니라 (골로새서 3:3)

사도 바울은 그리스도 예수의 사람들은 육체와 함께 정과 욕심을 십자가에 못 박은 것이라고 말합니다. 그리스도 예수의 사람들이 그리스도와 함께 죽었다고 말합니다. 그것은 우리를 위한 예수 그리스도의 죽음과 장사에 연합되는 복음으로 얻는 것입니다. 복음을 믿고 우리도 그의 죽음과 장사에 연합해야 합니다. 그리스도의 죽음과 장사에 연합될 수 있다는 성경의 약속은 무엇입니까? '믿음으로 회개하고 예수 이름으로 세례를 받음으로' 그분의 죽음과 장사에 연합되는 은혜를 받는다고 확증했습니다.

사도 바울은 고린도교회의 성도들에게 '그리스도의 피와 몸에 참여하는 것'과 '복음에 참여하는 것'에 관해서 말합니다.

우리가 축복하는 바 축복의 잔은 그리스도의 피에 참여함이 아니며 우리가 떼는 떡은 그리스도의 몸에 참여함이 아니냐 (고린도전서 10:16)

내가 복음을 위하여 모든 것을 행함은 복음에 참여하고자 함이라 (고린도전서 9:23)

그리스도께서 십자가에서 피를 흘리시고 죽으셨습니다. 어떻게 하면 그리스도의 피에 참여하고 그리스도의 몸에 참여할 수 있을까요? 우리가 그리스도의 피와 몸에 참여하는 길은 회개하고 예수 그리스도의 이름으로 세례를 받는 것입니다. 그것이 바로 복음에 참여하는 길입니다. 하나님은 우리가 그리스도의 복음에 참여할 수 있는 은혜를 주셨습니다. 믿고 세례를 받으면 누구나 은혜와 진리의 복음에 참여하게 되는 것입니다.

4. 둘 다 물에 내려가 빌립이 세례를 주고 둘이 물에서 올라올 새

지금까지 세례가 구원에 필수적이되 예수의 죽으심과 장사되심에 연합함으로써 죄사함을 얻게 하는 것임을 살펴보았습니다. 이제 죄사함을 얻게 하는 세례, 곧 예수 그리스도의 죽으심과 장사되심에 연합하는 세례의 성경적인 방법/방식에 대해서 살펴보겠습니다.

먼저 죄사함을 얻게 하는 세례에는 물이 필수적입니다. 즉 물로 세례를 받고 죄사함을 얻기 때문입니다.

나도 그를 알지 못하였으나 내가 와서 물로 세례를 주는 것은 그를 이스라엘에게 나타내려 함이라 하니라 (요한복음 1:31)

이에 베드로가 가로되 이 사람들이 우리와 같이 성령을 받았으니 누가 능히 물로 세례 줌을 금하리요 하고 (사도행전 (10:47)

예수님이 요한에게 물로 세례를 받으셨습니다. 이방인 고넬료의 가족들도 물로 세례를 받았습니다. 예수님은 '사람이 물과 성령으로 나지 아니하면 하나님 나라에 들어갈 수 없다'고 말씀하셨고, 베드로는 '물은 너희를 구원하는 표니 곧 세례라'고 했습니다.

예수께서 대답하시되 진실로 진실로 네게 이르노니 사람이 물과 성령으로 나지 아니하면 하나님 나라에 들어갈 수 없느니라 (요한복음 3:5)

물은 예수 그리스도의 부활하심으로 말미암아 이제 너희를 구원하는 표니 곧 세례라 육체의 더러운 것을 제하여 버림이 아니요 오직 선한 양심이 하나님을 향하여 찾아가는 것이라 (베드로전서 3:21)

물로 세례를 받는다는 것은 논란의 여지가 없습니다. 그럼에도 오늘날 기독교인들 사이에 물세례에 관한 몇몇 논란들이 존재합니다.

그 중 하나는 많은 교파와 교회에서 행해지고 있는 약식세례 즉 이마에 물을 뿌리거나 찍어 바르는 세례가 성경적이냐는 논란입니다. 약식세례도 괜찮다고 믿는 신자들도 있고, 약식세례는 성경적이지 않으며 물속에 완전히 잠기는 세례, 즉 침수세례(침례)가 성경적이라고 믿는 신자들도 있습니다. '반드시 세례를 받아야 하나'라는 문제도 중요하지만, 어떤 세례가 성경적으로 올바른 세례인지 살펴보는 것 역시 아주 중요합니다. 세례가 중요한 것인데도 불구하고 이에 대해 왜곡된 가르침들도 널리 퍼져있기 때문에 어느 가르침을 따를지 선택해야 되기 때문입니다.

4.1. 보라 물이 있으니 내가 세례를 받음에 무슨 거리낌이 있느뇨

예루살렘교회의 집사였던 빌립이 사마리아 성에서 복음을 전했습니다. 그런데 주의 사자가 빌립에게 나타나서 예루살렘에서 남쪽으로 가사로 내려가는 길까지 가라고 지시했는데 그 길은 광야였습니다(행 8:26). 빌립이 광야에서 이사야서를 읽으며 여행하는 에디오피아의 내시를 만나게 되고 그에게 예수 그리스도와 복음을 전했습니다.

> 35. 빌립이 입을 열어 이 글에서 시작하여 예수를 가르쳐 복음을 전하니 36. 길 가다가 물 있는 곳에 이르러 내시가 말하되 보라 물이 있으니 내가 세례를 받음에 무슨 거리낌이 있느뇨 37. (없음) 38. 이에 명하여 병거를 머물고 빌립과 내시가 둘 다 물에 내려가 빌립이 세례를 주고 39. 둘이 물에서 올라갈 새 주의 영이 빌립을 이끌어 간지라 내시는 흔연히 길을 가므로 그를 다시 보지 못하니라 (사도행전 8장)

함께 병거를 타고 가면서 빌립이 내시에게 복음을 전했습니다. 그런데 가다가 물이 있는 곳에 이르자 내시가 세례를 받겠다고 말합니다. 빌립이 내시에게 세례에 관해서 전했다는 것을 알 수 있습니다. 그들이 세례를 받기 위해서 물이 있는 곳까지 찾아갔다는 것을 알 수 있습니다. 세례를 주는 빌립과 세례를 받을 내시가 둘 다 물에 내려갑니다. 빌립이 내시에게 세례를 주고 나서 둘이 다시 물에서 올라왔습니다.

광야에서 빌립이 에디오피아의 내시에게 세례를 준 사건은 성경적인 세례는 침수세례(침례)라는 것을 분명하게 보여 줍니다. 약식세례가 성경적이라면 병거 위에서 언제든지 세례를 받을 수 있을 것입니다. 내시에게는 광야여행에 필수인 마실 물이 있었고, 물 몇 방울이면 약식세례를 줄 수 있기 때문입니다. 그러나 빌립과 내시는 그런 몇 방울의 물이 아니라 두 사람이 들어갈 수 있을 만큼 물이 있는 곳까지 찾아갔습니다. 내시는 복음을 듣고 세례를 받으려는 마음이 간절했고 빌립도 그런 내시에게 세례를 줘야 한다는 사명을 강하게 느꼈을 것입니다. 그럴지라도 세례를 줄 수 있는 물이 없으면 순종할 수 없었기 때문입니다. 사실상 광야에서는 물을 구하기 어려운 것이 세례 받음에 가장 큰 거리낌(장애)입니다. 광야에서 이스라엘 백성에게 물을 주셨던 하나님이 마실 물보다 더 중요한 죄씻음을 위해 세례 받을 물을 예비해 두셨습니다. 물에 들어가 세례를 받음으로써 내시는 예수 그리스도의 죽으심과 장사되심에 연합하였고 죄사함을 얻게 되었습니다.

빌립이 내시에게 세례를 주는 장면을 영어성경(NIV)으로 살펴보면 침수세례가 성경적인 세례라는 진리를 더 쉽고 분명하게 알 수 있습니다.

36. As they traveled along the road, they came to some water and the eunuch said, "Look, here is water. Why shouldn't I be baptized?" 37. 38. And he gave orders to stop the chariot. Then both Philip and the eunuch went down into the water and Philip baptized him. 39. When they came up out of the water, the Spirit of the Lord suddenly took Philip away, and the eunuch did not see him again, but went on his way rejoicing. (Acts-8)

한글 성경에는 '물에 내려가'로 기록되어 있는데 영어 성경에는 went down into the water로 번역되어 있습니다. 여기서 into the water는 '물속으로'라는 의미입니다. 한글개역 성경에는 '물에서 올라갈새'로 번역되어 있는데 영어 성경에는 came up out of the water로 번역되었는데 out of the water는 '물 밖으로'라는 의미입니다. 다음 문장들을 비교해 보면 영어의 into와 out of가 어떤 뜻인지 정확하게 알 수 있습니다.

①He went into the room. 그는 방으로 들어갔다. (그는 방 안으로 들어갔다)

②He came out of the room. 그는 방에서 나왔다. (그는 방 밖으로 나왔다)

빌립과 내시가 물속에 들어갔다가 물 밖으로 나온 것이 분명합니다.

내시가 받은 세례가 약식세례가 아니고 침수세례였다는 것을 분명하게 알 수 있습니다.

4.2. 예수께서 세례를 받으시고 곧 물에서 올라오실 째

예수님은 세례 요한에게 세례를 받으심으로 공생애를 시작하셨습니다. 예수님이 세례를 받으시는 장면을 기록한 마태복음 3장을 살펴보면 침수세례가 성경적이라는 것을 또 한 번 확인할 수 있습니다.

13. 이 때에 예수께서 갈릴리로서 요단강에 이르러 요한에게 세례를 받으려 하신대 14. 요한이 말려 가로되 내가 당신에게 세례를 받아야 할 터인데 당신이 내게로 오시나이까 15. 예수께서 대답하여 가라사대 이제 허락하라 우리가 이와 같이 하여 모든 의를 이루는 것이 합당하니라 하신대 이에 요한이 허락하는지라 16. 예수께서 세례를 받으시고 곧 물에서 올라 오실쌔 하늘이 열리고 하나님의 성령이 비둘기 같이 내려 자기 위에 임하심을 보시더니 (마태복음 3장)

예수님은 세례 요한에게 세례를 받기 위해서 갈릴리로부터 요단강까지 오셨습니다. 한글 성경에는 예수님이 세례를 받으시고 '물에서 올라오실 쌔'라고 번역되어 있는데 영어성경(NIV)에는 'went up out of the water'라고 번역되어 있습니다. 예수님이 요단강 물속으로 들어가셨다가 다시 물 밖으로 나오셨다는 것을 알 수 있습니다. 예수님은 침수세례를 받으셨습니다. 예수님이 침수세례를 받으셨다면 예수님을 믿는 우리들도 당연히 침수세례를 받아야 하지 않겠습니까?

세례 요한은 요단강에서 예수님뿐만 아니라 다른 많은 유대 신자들에게도 세례를 주었습니다. 온 유대 지방과 예루살렘 사람들이 요단강으로 와서 세례 요한에게 세례를 받았습니다.

4. 세례 요한이 이르러 광야에서 죄 사함을 받게 하는 회개의 세례를 전파하니 5. 온 유대 지방과 예루살렘 사람이 다 나아가 자기 죄를 자복하고 요단강에서 그에게 세례를 받더라 (마가복음 1장)

많은 신자들에게 침수세례를 주는 것은 약식세례와 비교해 볼 때 매우 힘들고 번거로운 일입니다. 그러나 성경에서 세례는 언제나 침수세례였다는 것을 알 수 있습니다. 세례 요한은 다른 곳이 아닌 강에서 세례를 주었습니다. 왜 강에서 세례를 주었는지 그 이유는 단순명료합니다.

22. 이 후에 예수께서 제자들과 유대 땅으로 가서 거기 함께 유하시며 세례를 주시더라 23. 요한도 살렘 가까운 애논에서 세례를 주니 거기 물들이 많음이라 사람들이 와서 세례를 받더라 (요한복음 3장)

애논에서 세례를 준 이유는 그곳에 물이 많기 때문이었습니다. 만약 약식세례를 받아도 된다면 굳이 수많은 군중들을 물이 많은 곳으로 모이게 하지 않았을 것입니다. 이처럼 성경의 여러 곳에 침수세례를 받은 사례가 구체적으로 기록되어 있습니다. 반면에 약식세례를 받았다는 사례는 단 하나도 찾을 수 없습니다. 그렇다면 침수세례가 성경적이라고 보는 것은 참으로 바람직한, 지식과 지혜를 따르는 믿음입니다.

4.3. 헬라어 baptizma(명사), baptizo(동사)

예수님이 물속에 잠기는 침수세례를 받으셨고, 복음을 듣고 믿은 많은 사람들이 물속에 잠기는 침수세례를 받았다는 것을 살펴보았습니다.
이마에 물을 뿌리거나 찍어 바르는 약식세례의 사례는 성경 어느 곳에서도 찾을 수 없다는 사실을 누구나 인정합니다.

실제로 사람들이 세례를 받는 장면들만 살펴봐도 침수세례가 성경적이라는 것을 알 수 있지만, 사도들이 사용했던 원어로 기록된 성경을 살펴봐도 물속에 잠기는 세례가 성경적이라는 것을 알 수 있습니다. 신약성경은 헬라어(그리스어)로 기록되어 있습니다. 우리말 신약성경은 헬라어로 된 신약성경을 한국어로 번역한 것이고 영어 신약성경은 헬라어 신약성경을 영어로 번역한 것입니다.

> 물은 예수 그리스도의 부활하심으로 말미암아 이제 너희를 구원하는 표니 곧 세례라 (베드로전서 3:21)
> and this water symbolizes baptism that now saves you also (NIV)
>
> 그러므로 너희는 가서 모든 족속으로 제자를 삼아 아버지와 아들과 성령의 이름으로 세례를 주고 (마태복음 28:19)
> Therefore go and make disciples of all nations, baptizing them in the name of the Father and of the Son and of the Holy Spirit, (NIV)
>
> 이제는 왜 주저하느뇨 일어나 주의 이름을 불러 세례를 받고 너의 죄를 씻으라 하더라 (사도행전 22:16)
> And now what are you waiting for? Get up, be baptized and wash your sins away, calling on his name.′ (NIV)

우리말 성경에는 '세례', '세례를 주고', '세례를 받고' 등으로 번역되어 있습니다. 한편 영어성경에는 'baptism', 'be baptized', 'baptizing' 등으로 번역되어 있습니다. 영어의 baptism과 baptize는 헬라어 명사 baptizma와 동사 baptizo를 헬라어 발음 그대로 표기한 것입니다. 즉 baptism과 baptize는 헬라어 명사 baptizma와 동사 baptizo를 각각 음역한 단어들입니다. 이것은 우리가 영어 단어 computer를 '컴퓨터'라고 하는 것과 같습니다. 그렇다면 헬라어 baptizma(밥티즈마)와 baptizo(밥티조)는 어떤 의미를 가지고 있을까요? 헬라어 사전을 찾아보면 baptizo가 '물에 잠기다'라는 뜻임을 알 수 있습니다. 그러므로 우리말 성경의 '세례'가 물속에 잠기는 침수세례를 의미한다는 것은 명백합니다.

많은 권위 있는 사전과 문헌들이 성경에 기록된 세례가 물속에 잠기는 침수세례임을 증거하고 있습니다.

다음에 열거되는 문헌들은 이 진실을 증거하는 것들 중 일부입니다.

리델, 스코트 및 데이어 공저(共著) 헬라어-영어 사전: '밥티조'는 '담그다', '잠기다'라는 뜻이다.

포레트 저(著) 고전 헬라어-영어 사전: '밥티조'는 '물에 담그다'라는 말이다.

디브리의 헬라어-영어 사전: '밥티조'는 '잠기다'라는 뜻이다.

샤프 헤르죠그의 종교 백과사전 제1권 451쪽: 침례는 언제나 잠기는 것이었다.

카톨릭 성서 백과사전 61쪽: 물속에 잠기는 것은 가장 오래된 방법이었다. 침례로 장사되었다; 로마서 6장 4절.

카톨릭 대백과사전 제2권 263쪽: 초기에는 모든 사람들이 개울이나 못이나 침례장에서 물에 잠기는 침례를 받았다.

성서 백과사전 제2권 202쪽: 세례가 물속에 잠기는 것이었음은 명백하다.

월드북 백과사전 제1권 651쪽, 제2권 70쪽: 초대 교회의 세례는 물속에 완전히 잠기게 하는 것이나 가라앉히는 것이었다.

루터교 백과사전 제1권 188쪽: 루터는 교회 초기의 실행 방법인 물속에 잠기는 것을 선호하였다.

풀핏 주석 제18권 156쪽: 로마서 6장 4절의 장사란 물속에 잠기는 침례에 대한 말이다.

성서 백과 대사전 5권 901,902쪽: 신약성서의 모든 세례는 침수세례였다.

브리태니카 백과사전 11판 제3권 365-366쪽: 침례가 약식세례로 바뀐 것은 카톨릭교에 의해서였다.

백과사전 등 많은 문헌들이 초대교회의 신자들이 침수세례를 받았다는 것을 증언해줍니다. 그리고 브리태니커 백과사전은 침수세례가 카톨릭교회에 의해서 약식세례로 바뀌었다고 기록하고 있습니다. 성경에 기록된 하나님의 말씀을 바꿀 수 있는 권세는 아무도 없습니다. 사도 바울은 천사라 할지라도 다른 복음을 전하면 저주를 받을 것이라고 경고합니다.

세례는 복음의 핵심에 속하는 진리입니다. 그 진리를 종교창시자나 교파가 임의로 바꿀 수 없습니다. 성경에 기록된 수많은 제자들이 침수세례를 받고 죄사함을 받았습니다. 믿고 침수세례를 받는 것은 전혀 어려운 일이 아닙니다. 기도하는 것보다, 금식하는 것보다, 전도하는 것보다 훨씬 더 쉬운 일입니다. 믿고 회개하고 침수세례를 받음으로 죄사함을 얻고 의롭게 될 수 있다는 것은 얼마나 크고 놀라운 은혜인지 모릅니다.

4.4. 우리가 그의 죽으심과 합하여 세례를 받음으로 그와 함께 장사되었나니

사도들의 교회에서는 복음을 믿는 자들이 다 물속에 잠기는 침수세례를 받았다는 것을 살펴보았습니다. 그리고 헬라어 단어 baptizo가 '물에 잠기다'라는 뜻이라는 것도 살펴보았습니다. 그리고 많은 사전과 문헌들이 침수세례가 성경적이라는 것을 증거하고 있음을 살펴보았습니다.

세례를 받음으로 예수 그리스도의 장사되심에 연합하는 것이라고 했던, 진리로 '장사지냄', '예수 안에 심음'에 대해서 살펴보겠습니다.

> 3. 무릇 그리스도 예수와 합하여 세례를 받은 우리는 그의 죽으심과 합하여 세례 받은 줄을 알지 못하느뇨 4. 그러므로 우리가 그의 죽으심과 합하여 세례를 받음으로 그와 함께 장사되었나니 이는 아버지의 영광으로 말미암아 그리스도를 죽은 자 가운데서 살리심과 같이 우리로 또한 새 생명 가운데서 행하게 하려 함이니라 (로마서 6장)

사도 바울은 로마교회 성도들에게 자신의 죄를 회개하고 세례를 받을 때 그의 죽으심과 장사에 연합한 것이라고 했습니다. 믿음으로 회개할 때 어린양과 함께 십자가에 연합되어 죽습니다. 세례를 받으면 그분의 장사에 연합됨을 얻습니다. 반드시 회개로 죽어야 하는 이유는 죽지 않은 사람을 생매장(生埋葬)할 수 없기 때문입니다. 그뿐만 아니라 예수님도 물론이고 그 누구도 예외 없이 죽지 않으면 부활도 없기 때문입니다. 스스로 목숨을 끊을지라도 불가능한 죄값인 죽음을 세례가 해결해 줍니다.

세례는 죄와 세상에 대해서 죽은 옛 사람을 장사지내는 것입니다. 죽은 사람을 어떻게 매장하는지 생각해 보시기 바랍니다. 죽은 사람을 장사지낼 때 그 시신을 완전히 묻습니다. 성경은 시체를 방치하거나 만지는 것은 매우 부정한 것으로 여깁니다(레 22:4, 민 9:6). 시체를 바로 장사지내지 않는 것은 땅을 더럽히는 일입니다(겔 39:12, 신 21:22,23). 안식일에 시체를 만지거나 나무에 달린 채로 두면 모두가 부정하게 되므로 예수님의 시신도 안식일이 되기 전에 급히 장사를 지냈습니다(눅 23:54). 예수님의 시신을 바위 무덤에 장사지냈고 그 입구를 철저히 막고 인봉했습니다. 죽은 사람의 시체를 완전히 매장하는 것처럼, 세례로 그리스도의 장사에 연합시키려면 물속에 완전히 잠기는 침수세례를 받아야 합니다.

마지막으로 누구나 잘 알고 있고, 수없이 들을 수 있는 설교들 중에서 아람의 군대장관 나아만에 대한 이야기도 살펴봅니다. 나아만은 뛰어난 장군이었으나 갑옷 속에는 문둥병으로 인하여 살이 썩어 들어가고 있었습니다. 전장에서는 용사요 영웅이었으나 자신의 병을 이길 힘은 없었기에 점점 악화되는 병세로 고통을 겪고 있었습니다. 그는 이스라엘의 엘리사 선지자에게 가면 고칠 수 있다는 정보를 예전에 자신이 전쟁에서 잡아온 여자아이의 말을 듣고, 왕에게 나아가 허락을 받았습니다.

10 엘리사가 사자를 저에게 보내어 가로되 너는 가서 요단 강에 몸을 일곱 번 씻으라 네 살이 여전하여 깨끗하리라 … 14 나아만이 이에 내려가서 하나님의 사람의 말씀대로 요단 강에 일곱 번 몸을 잠그니 그 살이 여전하여 어린아이의 살 같아서 깨끗하게 되었더라 (열왕기하 5장)

나아만이 하찮은 계집종의 비웃음리라고 치부했으면 어찌 되었을까요? 만일 나아만이 일곱 번 씻지 않고 여섯 번만 씻었다면 어찌 되었을까요? 요단강으로 가지 않고 자기 나라 다메섹의 아마나, 바르발 강에 가서 일곱 번을 씻었다면 어찌 되었을까요? 순종하지는 않고 의심없이 믿기만 하였다면 그의 문둥병이 나았을까요?

5. 그리스도께서 어찌 나뉘었느뇨 바울이 너희를 위하여 십자가에 못 박혔으며 바울의 이름으로 너희가 세례를 받았느뇨

사도 바울은 빌립보, 에베소, 고린도 등을 포함한 많은 곳에서 예수 그리스도의 복음을 전하고 많은 이들을 제자로 삼았습니다. 그로 인해서 각 지방에 예수 그리스도를 믿는 교회들이 세워집니다. 그리고 사도 바울은 이 후에 여러 교회에 서신을 보내 제자들을 권면합니다. 고린도교회에 보낸 서신을 통해 누구의 이름으로 세례를 받아야 하는지 살펴봅니다.

> 10. 형제들아 내가 우리 주 예수 그리스도의 이름으로 너희를 권하노니 다 같은 말을 하고 너희 가운데 분쟁이 없이 같은 마음과 같은 뜻으로 온전히 합하라 11. 내 형제들아 글로에의 집 편으로서 너희에게 대한 말이 내게 들리니 곧 너희 가운데 분쟁이 있다는 것이라 12. 이는 다름 아니라 너희가 각각 이르되 나는 바울에게, 나는 아볼로에게, 나는 게바에게, 나는 그리스도에게 속한 자라 하는 것이니 13. 그리스도께서 어찌 나뉘었느뇨 바울이 너희를 위하여 십자가에 못 박혔으며 바울의 이름으로 너희가 세례를 받았느뇨 (고린도전서 1장)

고린도교회에 분쟁이 일어났습니다. 그래서 어떤 이들은 바울을 추종하고 또 어떤 이들은 아볼로를 추종하고, 또 어떤 이들은 베드로에게 속하여 그를 따른다고 했습니다. 물론 어떤 이들은 그리스도께 속하여 그리스도를 따른다고 했습니다. 고린도교회의 제자들이 각각 바울, 아볼로, 베드로를 따르는 무리들로 나뉘게 되었습니다. 이를 알게 된 사도 바울은 분쟁이 없이 같은 말을 하고 같은 마음과 같은 뜻으로 온전히 합하라고 권면했는데 이때도 세례를 가지고 문제를 해결합니다.

사도 바울이 고린도 지방에서 복음을 전하였고 고린도 사람들이 듣고 믿었는데 이로 인해 많은 신자들이 세례를 받았다고 증거합니다.

> 또 회당장 그리스보가 온 집으로 더불어 주를 믿으며 수다한 고린도 사람도 듣고 믿어 세례를 받더라 (사도행전 18:8)

바울은 자신을 추종한다는 일부 제자들에게 '바울이 너희를 위하여 십자가에 못 박혔으며 바울의 이름으로 너희가 세례를 받았느뇨'라고 반문합니다. 이 질문은 베드로를 추종한다는 제자들에게 '베드로가 너희를 위하여 십자가에 못 박혔으며 베드로의 이름으로 너희가 세례를 받았느뇨'라는 것을 의미합니다. 이 말을 통해서 사도 바울이 말하려는 것은 분명합니다. 그 말은 '예수 그리스도가 너희를 위하여 십자가에 못 박힌 것이 아니냐? 예수 그리스도의 이름으로 너희가 세례를 받은 것이 아니냐?'라는 말로 가장 근본적인 진리와 원리를 강조하는 것입니다. 예수 그리스도께서 우리를 위하여 십자가에 못 박히셨다는 사실과 우리가 예수 그리스도의 이름으로 세례를 받았다는 사실은 복음의 핵심적인 본질입니다. 앞장에서 예수 그리스도의 이름으로 세례를 받음으로 예수 그리스도의 죽음과 장사에 연합한다는 것을 살펴보았습니다. 세례는 죽고 장사되는 것입니다. 그리고 우리를 위해서 죽고 장사되신 분은 예수 그리스도입니다. 그러므로 예수 그리스도의 이름으로 세례를 받는 것입니다. 세례를 받을 때 누구의 이름으로 받느냐라는 것은 아주 중요합니다.

누구의 이름으로 세례를 받아야 하느냐라는 것과 관련해서 카톨릭교회와 또 많은 개신교교회에서는 "성부와 성자와 성신의 이름으로" 세례를 줍니다. 그러나 또 많은 다른 교회에서는 "예수 그리스도의 이름으로" 세례를 줍니다. 어느 것이 성경적일까요? '침수세례'가 성경적이냐 '약식세례'가 성경적이냐는 문제와 마찬가지로 '누구의/어떤 이름으로 세례를 받는 것이 성경적이냐'라는 것도 복음에 있어서 무엇보다 중요한, 참된 믿음과 순종의 문제입니다. 이제 성경에서 사도들과 제자들이 누구의/어떤 이름으로 세례를 주었는지 살펴봅시다.

5.1. 아버지와 아들과 성령의 이름으로 세례를 주고

마태복음 28장 19절의 "너희는 가서 모든 족속으로 제자를 삼아 아버지와 아들과 성령의 이름으로 세례를 주고 내가 너희에게 분부한 모든 것을 가르쳐 지키게 하라"는 예수님의 명령을 '지상명령'이라고 합니다.

여기서 제자를 삼는다는 표현이나 너희에게 분부한 모든 것을 가르친다는 표현은 포괄적인 표현입니다. 그러므로 이런 표현들이 구체적으로 무엇을 말하는지 알기 위해서는 성경의 다른 구절들을 살펴보아야 합니다. 이런 표현과 달리, '아버지와 아들과 성령의 이름으로 세례를 주고'라는 표현은 아주 구체적인 표현입니다.

> 16. 열 한 제자가 갈릴리에 가서 예수의 명하시던 산에 이르러 17. 예수를 뵈옵고 경배하나 오히려 의심하는 자도 있더라 18. 예수께서 나아와 일러 가라사대 하늘과 땅의 모든 권세를 내게 주셨으니 19. 그러므로 너희는 가서 모든 족속으로 제자를 삼아 아버지와 아들과 성령의 이름으로 세례를 주고 20. 내가 너희에게 분부한 모든 것을 가르쳐 지키게 하라 볼찌어다 내가 세상 끝날까지 너희와 항상 함께 있으리라 하시니라 (마태복음 28장)

예수님은 '아버지와 아들과 성령의 이름으로 세례를 주라'고 명령하셨습니다. 예수님을 팔았던 유다를 제외한 열한 제자에게 이렇게 말씀하셨습니다. 이 구절을 근거로 카톨릭교와 개신교 교파들은 '성부와 성자와 성신의 이름으로' 세례를 주고 있습니다. 위에 인용된 마태복음 28장만 보면 "아버지와 아들과 성령의 이름으로" 세례를 주는 것이 성경적이라고 생각할 수도 있겠지만, 정말 성경적일까요?

제자를 삼는다는 말이 구체적으로 무엇을 말하는지 또는 예수님이 분부한 모든 것이 구체적으로 어떤 것들을 말하는지 알기 위해서는 성경 전체를 살펴보아야 한다고 했습니다. 마찬가지로 "성부와 성자와 성신의 이름으로"라고 말하며 세례를 주는 것이 성경적인지 알기 위해서는 적어도 세례에 관계된 성경 구절들만이라도 전체적으로 살펴보아야 합니다.

예수님은 아버지와 아들과 성령의 이름으로 세례를 주라는 명령을 사도들에게 내리시고 승천하셨습니다. 예수님의 명령을 현장에서 직접 들은 열한 제자가 그 명령을 어떻게 순종했는지 살펴봅시다. 예수께서 승천하신 후 열흘이 지난 오순절 날 사도들을 포함한 120여 명의 제자들에게 예수님께서 약속하셨던 대로 성령(성령침례)이 임하였습니다.

바로 그날 베드로와 열한 사도가 예루살렘에서 처음으로 주 예수님의 지상명령을 어떻게 선포하고 순종했는지 보여줍니다.

36. 그런즉 이스라엘 온 집이 정녕 알찌니 너희가 십자가에 못 박은 이 예수를 하나님이 주와 그리스도가 되게 하셨느니라 하니라 37. 저희가 이 말을 듣고 마음에 찔려 베드로와 다른 사도들에게 물어 가로되 형제들아 우리가 어찌할꼬 하거늘 38. 베드로가 가로되 너희가 회개하여 각각 예수 그리스도의 이름으로 세례를 받고 죄 사함을 얻으라 그리하면 성령을 선물로 받으리니 39. 이 약속은 너희와 너희 자녀와 모든 먼데 사람 곧 주 우리 하나님이 얼마든지 부르시는 자들에게 하신 것이라 하고 (사도행전 2장)

복음을 들은 사람들이 마음에 찔려 베드로와 다른 사도들에게 '우리가 어찌할꼬?'라고 질문합니다. 그러자 베드로는 '(회개하고) 예수 그리스도의 이름으로 세례를 받으라'고 대답합니다. 여기서 어떤 이들에게는 매우 심각한 의문이 일어납니다. 예수님은 '아버지와 아들과 성령의 이름으로' 세례를 주라고 하셨는데 왜 베드로(그 외 열한 사도들)는 '예수 그리스도의 이름으로' 세례를 받으라고 했을까요? 성령을 받으면 잊은 것도 깨닫게 되는데, 베드로와 다른 사도들이 예수님이 하신 말씀을 잊어버려서, 혹은 왜곡하여 '예수 그리스도의 이름으로' 세례를 받으라고 한 것일까요?
예루살렘에서만 그런 것이 아닙니다. 이방인 고넬료의 가정에서 복음을 전할 때에도 베드로와 다른 제자들은 '예수 그리스도의 이름으로' 세례를 주었다고 사도들의 행전(行傳)이 증거하고 있습니다.

44. 베드로가 이 말 할때에 성령이 말씀 듣는 모든 사람에게 내려오시니 45. 베드로와 함께 온 할례 받은 신자들이 이방인들에게도 성령 부어 주심을 인하여 놀라니 46.이는 방언을 말하며 하나님 높임을 들음이러라 47.이에 베드로가 가로되 이 사람들이 우리와 같이 성령을 받았으니 누가 능히 물로 세례 줌을 금하리요 하고 48.명하여 예수 그리스도의 이름으로 세례를 주라 하니라 저희가 베드로에게 수일 더 유하기를 청하니라 (사도행전 10장)

예수님은 '아버지와 아들과 성령의 이름으로' 세례를 주라고 명하셨는데 베드로는 '예수 그리스도의 이름으로' 세례를 주라고 명하였습니다, 도대체 누구의 말을 따라야 할까요? 이에 베드로의 말보다 예수님의 명령을 따르는 것이 옳다고 생각하는 사람들이 있습니다.

성경에 기록된 말씀 중에서 예수님의 말씀은 옳고 베드로의 말은 옳지 않다고 말하는 것은 성경을 부인하는 것과 다르지 않습니다. 예수님의 명령도 옳고 베드로의 말도 옳다고 보아야 합니다. 그렇다면 왜 베드로와 제자들은 일관되게 '예수 그리스도의 이름으로' 세례를 주었을까요?

5.2. 또 무엇을 하든지 말에나 일에나 다 예수의 이름으로 하고

'아버지와 아들과 성령의 이름으로'라는 표현과 '예수 그리스도의 이름으로'라는 표현을 비교해 봅시다. 전자에는 구체적인 실제 이름이 들어 있지 않습니다. 그러나 후자에는 '예수'라는 구체적이고 특정한 이름이 포함되어 있습니다. 베드로와 사도들은 예수께서 하나님으로서 아버지이시고 사람으로서는 하나님이 낳으신 아들이시며 성도들 안에 오신 보혜사로는 성령이심을 알았습니다(사 9:6, 상세한 것은 다른 책 참고). 따라서 예수님이 '아버지와 아들과 성령의 이름으로' 세례를 주라고 하셨을 때 그 표현이 '예수 그리스도의 이름으로' 세례를 주라는 뜻임을 정확하게 이해하였기에 담대하고 일관되게 '예수 그리스도의 이름으로' 세례를 준 것입니다. 예수님께서 부활하신 후 40일 동안 제자들에게 나타나셔서 하나님 나라에 대해 가르치시고 승천하셨습니다. 진리의 성령을 받으면 성령께서 모든 진리 가운데로 인도하실 것이라고 하셨는데, 천국 열쇠를 맡기신 베드로나 열한 사도들이 예수께서 승천하신 10여일 후, 예수께서 가르치신 대로 성령으로 깨닫게 하신 진리 위에 교회가 탄생된 것은 분명한 일입니다.

예수님의 제자들이 전한 복음은 전혀 모순되지 않는 예수님 자신의 말씀이라고 증거하셨습니다(요 14:7-11,18,24,26; 16:12,13). 복음과 진리에 대한 중요한 것들을 열두 사도들이 먼저 명백하게 깨닫고 모두에게 쉽게 알려주고 있습니다. 위의 구절들은 예수님이 어떤 분이신지에 대해서 가장 본질적이고 중요한 것들을 증언하고 있습니다. 즉 십계명에 오직 한 분의 주 하나님이 임마누엘 하신 예수님, 아들의 몸을 영원한 성전을 삼으신 분, 아버지와 아들의 영인 성령으로 성도들 안에 오신 분임을 증거하는 것입니다(요 14:23). 예수께서 '아버지와 아들과 성령의 이름으로'라고 말씀하셨을 때 예수님 자신에 대해 말씀하신 것이 명백합니다.

이름이 하나임을 영어성경을 통해서 명백하게 확인할 수 있습니다.

16. Then the eleven disciples went away into Galilee, into a mountain where Jesus had appointed them. 17. And when they saw him, they worshipped him: but some doubted. 18. And Jesus came and spake unto them, saying, All power is given unto me in heaven and in earth. 19. Go ye therefore, and teach all nations, baptizing them in the name of the Father, and of the Son, and of the Holy Ghost: 20. Teaching them to observe all things whatsoever I have commanded you: and, lo, I am with you alway, even unto the end of the world. Amen. (Matthew 28, KJV)

영어성경에는 '이름'이 'the names'가 아니고 'the name'이라고 정확하게 단수로 번역되어 있습니다. 만약 아버지의 이름과 아들의 이름과 성령의 이름이 각각 다른 이름이라면 the names가 되어야 합니다.

하나님의 아들의 이름이 '예수'라는 것은 모두가 알고 있습니다. 그렇다면 아버지의 이름은 무엇일까요? 요한복음 17장은 아버지의 이름에 관해 예수께서 증언하신 중요한 진리를 기록하고 있습니다.

6 세상 중에서 내게 주신 사람들에게 내가 아버지의 이름을 나타내었나이다 저희는 아버지의 것이었는데 내게 주셨으며 저희는 아버지의 말씀을 지키었나이다 ⋯ 11. 나는 세상에 더 있지 아니하오나 저희는 세상에 있사옵고 나는 아버지께로 가옵나니 거룩하신 아버지여 내게 주신 아버지의 이름으로 저희를 보전하사 우리와 같이 저희도 하나가 되게 하옵소서 12. 내가 저희와 함께 있을 때에 내게 주신 아버지의 이름으로 저희를 보전하와 지키었나이다 그 중에 하나도 멸망치 않고 오직 멸망의 자식 뿐이오니 이는 성경을 응하게 함이니이다 ⋯ 26 내가 아버지의 이름을 저희에게 알게 하였고 또 알게 하리니 이는 나를 사랑하신 사랑이 저희 안에 있고 나도 저희 안에 있게 하려 함이니이다 (요한복음 17장)

예수님이 열두 사도들에게, 제자들에게 나타내시고 알게 하신 아버지의 이름은 과연 무엇일까요?

예수님의 기도에 따르면 예수님은 거듭하여 '내게 주신 아버지의 이름'이라고 말씀하셨습니다. '내게 주신 이름'은 오직 '예수'입니다. 다시 말해 아들의 이름은 '예수'이며 이 이름은 사실 '아버지의 이름'인데 아버지와 아들이 하나가 되심으로 아버지께서 아들에게 주신 이름 곧 '아버지와 아들의 이름'이라는 사실입니다. 베드로와 열한 제자는 예수께서 아버지의 이름으로 오셨다는 사실을 잘 알고 있었습니다(요 5:43). 사도들은 '내게 주신 아버지의 이름'이 '예수'라는 것을 확신했습니다. (이 주제는 다른 책자에서 상세히 다룸) 그리고 '내게 주신 아버지의 이름'도 '예수'은 너무나 잘 압니다. 이어서, '성령의 이름'에 대해서도 살펴봅니다.

> 보혜사 곧 아버지께서 내 이름으로 보내실 성령 그가 너희에게 모든 것을 가르치시고 내가 너희에게 말한 모든 것을 생각나게 하시리라 (요한복음 14:26)

예수님은 성령을 제자들에게 보내실 것이라고 말씀하십니다. 그리고 그 성령을 '내 이름' 즉 '이름으로 보내실 것이라고 하십니다. 이 말은 예수님의 영(靈)이 바로 보혜사로 오실 성령이시라는 것을 말해 줍니다.

> 6. 성령이 아시아에서 말씀을 전하지 못하게 하시거늘 브루기아와 갈라디아 땅으로 다녀가 7. 무시아 앞에 이르러 비두니아로 가고자 애쓰되 예수의 영이 허락지 아니하시는지라 (사도행전 16장)

신약에서 성령은 예수님의 영입니다. 성도들 안에 오신/계신 이는 성령입니다. 성도 안에 오신/계신 이는 바로 예수님이십니다(골 1:26,27).

> 그러하나 진리의 성령이 오시면 그가 너희를 모든 진리 가운데로 인도하시리니 그가 자의로 말하지 않고 오직 듣는 것을 말하시며 장래 일을 너희에게 알리시리라 (요한복음 16:13, 요한복음 14:18절 참고)

> 너희가 믿음에 있는가 너희 자신을 시험하고 너희 자신을 확증하라 예수 그리스도께서 너희 안에 계신 줄을 너희가 스스로 알지 못하느냐 그렇지 않으면 너희가 버리운 자니라 (고린도후서 13:5)

너희 몸은 너희가 하나님께로부터 받은바 너희 가운데 계신 성령의 전인 줄을 알지 못하느냐 너희는 너희의 것이 아니라 (고린도전서 6:19)

아들의 이름은 예수이고, 아버지의 이름 역시 예수입니다. 그리고 성령은 진리이신 예수님의 (진리의) 영입니다. 그러므로 '아버지와 아들과 성령의 이름'은 '예수'입니다. 베드로와 사도들은 이것을 깨달았기 때문에 '아버지와 아들과 성령의 이름으로' 세례를 주라는 예수님의 명령을 '예수 그리스도의 이름으로' 세례를 줌으로써 바르게 순종한 것입니다.

예수님은 제자들에게 '내 이름으로' 구하라고 하셨고 두 세 사람이 '내 이름으로' 모인 곳에 함께 계시겠다고 하셨습니다. 그리고 '내 이름으로' 저희가 귀신을 쫓아낼 것이라고 말씀하셨습니다.

내 이름으로 무엇이든지 내게 구하면 내가 시행하리라 (요한복음 14:14)

두 세 사람이 내 이름으로 모인 곳에는 나도 그들 중에 있느니라 (마태복음 18:20)

믿는 자들에게는 이런 표적이 따르리니 곧 저희가 내 이름으로 귀신을 쫓아내며 새 방언을 말하며 (마가복음 16:17)

예수님이 '내 이름으로 구하라'고 하실 때 우리는 '예수 이름으로' 구합니다. 예수님의 말씀을 문자 그대로 반복하여 '내 이름으로 기도합니다.' 라고 기도하지 않고 '예수 이름으로' 기도하는 것입니다. 예수님이 '아버지와 아들과 성령의 이름으로 세례를 주라'고 하신 것은 '내 이름으로 세례를 주라'고 하신 것과 같습니다. 예수님은 '내 이름으로 구하라/기도하라'고 말씀하실 수 있지만 사도들이나 제자들이나 그 어느 누구도 예수님처럼 '내 이름으로' 구하라/기도하라고 말할 수 없습니다. 오직 '예수의 이름으로' 구하라/기도하라고 증언할 뿐입니다.

사도 바울은 골로새 교회에게 다음과 같이 말합니다.

또 무엇을 하든지 말에나 일에나 다 주 예수의 이름으로 하고 그를 힘입어 하나님 아버지께 감사하라 (골로새서 3:17)

당연히 기도하는 것도 예수의 이름으로 해야 하며, 세례를 받는 것도 예수의 이름으로 받아야 합니다. 만일 예수님이 말씀하신다면 '또 무엇을 하든지 말에나 일에나 다 내 이름으로 하라'고 하셨을 것입니다.

누가복음 24장에는 '그의 이름으로' 죄사함을 얻게 하는 회개가 전파될 것이라고 기록되어 있으며 요한일서 2장에는 '그의 이름으로' 죄사함을 얻는다고 기록되어 있습니다.

> 또 그의 이름으로 죄 사함을 얻게 하는 회개가 예루살렘으로부터 시작하여 모든 족속에게 전파될 것이 기록되었으니 (누가복음 24:47)

> 자녀들아 내가 너희에게 쓰는 것은 너희 죄가 그의 이름으로 말미암아 사함을 얻음이요 (요한일서 2:12)

여기서 '그의 이름'이 '예수'라는 것은 누구나 알 수 있습니다. 우리는 오직 '예수의 이름으로' 죄사함을 얻을 수 있습니다. 성경에는 '그 이름'을 믿는 자에게 그분의 자녀가 되는 권세가 있다고 기록되었습니다(요 1:12).

> 내가 하나님의 아들의 이름을 믿는 너희에게 이것을 쓴 것은 너희로 하여금 너희에게 영생이 있음을 알게 하려 함이라 (요한일서 5:13)

'아버지와 아들의 이름'은 무엇인가요? 그 이름을 믿지 않으면 벌써 심판을 받은 것이라고 했습니다(요 3:18). 그 이름은 '예수'입니다. 아나니아는 사울에게 '주의 이름을' 불러 세례를 받으라고 말했습니다. 사도 바울은 '주의 이름을' 부르는 자는 구원을 얻을 것이라고 말합니다.

> 이제는 왜 주저하느뇨 일어나 주의 이름을 불러 세례를 받고 너의 죄를 씻으라 하더라 (사도행전 22:16)

> 누구든지 주의 이름을 부르는 자는 구원을 얻으리라 (로마서 10:13)

'주의 이름'은 무엇일까요? 그 이름은 '예수'입니다. 사울은 '예수의 이름을' 불러 세례를 받고 구원을 얻은 후 사도가 된 사람입니다.

지금까지 살펴본 것을 요약하면 '나의 이름'이 '예수'이며, '그의 이름'도 '예수'이며, '하나님의 아들의 이름'이 '예수'라는 것을 알 수 있습니다. 또한 '주의 이름'이 바로 '예수'이며 '아버지와 아들과 성령의 이름'이 바로 '예수'라는 것을 알 수 있습니다. 우리는 모든 일을 할 때 예수의 이름으로 합니다. 예수의 이름으로 기도하고, 예수의 이름으로 안수하고, 예수의 이름으로 세례를 줍니다. 천하 모든 민족과 백성들에게 주신 구원의 이름은 오직 '예수'라는 이름뿐입니다.

> 10. 너희와 모든 이스라엘 백성들은 알라 너희가 십자가에 못 박고 하나님이 죽은자 가운데서 살리신 나사렛 예수 그리스도의 이름으로 이 사람이 건강하게 되어 너희 앞에 섰느니라 11. 이 예수는 너희 건축자들의 버린 돌로서 집 모퉁이의 머릿돌이 되었느니라 12. 다른 이로서7는 구원을 얻을 수 없나니 천하 인간에 구원을 얻을만한 다른 이름을 우리에게 주신 일이 없음이니라 하였더라 (사도행전 4장)

　'나의 이름', '주의 이름', '그의 이름', '하나님의 이름', '아들의 이름', '성령의 이름', '아버지와 아들과 성령의 이름'은 바로 '예수'입니다. 예수님이 '나의 이름으로' 세례를 주라고 하실 때 우리는 '예수의 이름으로' 세례를 주어야 합니다. 예수님이 '아버지와 아들과 성령의 이름으로' 세례를 주라고 하실 때도 모든 전도자들은 '예수의 이름'으로 세례를 주어야 합니다. 예수님의 명령을 받은 베드로와 열한 사도가 '주 예수 그리스도의 이름으로' 세례를 준 것은 지극히 당연한 일입니다.
　이사야 9장 6절은 예수님이 어떤 분이신지에 대한 아주 중요한 진리를 우리에게 가르쳐 주고 있습니다.

> 이는 한 아기가 우리에게 났고 한 아들을 우리에게 주신바 되었는데 그 어깨에는 정사를 메었고 그 이름은 기묘자라, 모사라, 전능하신 하나님이라, 영존하시는 아버지라, 평강의 왕이라 할것임이라 (이사야 9:6)

　하나님이 우리에게 주신 '한 아기', '한 아들'은 '예수'입니다. 이사야는 그 분이 '전능하신 하나님'이며 '영존하시는 아버지'라고 확증합니다.

기묘자와 모사는 신약의 명칭으로는 '보혜사'입니다. 하나님은 이사야를 통해 이미 마태복음 28장 19절의 기록된 이름의 비밀을 알려주셨습니다.

참고로 구약에서 히브리어에 יהוה로 기록된 하나님의 이름은 자음자로만 기록되어 있어서 어떤 모음을 넣어 발음해야 하는지 알아야 합니다. 히브리인들은 그 이름의 모음을 다 잊어버렸습니다. 그래서 대신 '아도나이'(나의 주님) 또는 '하 셈'(그 이름)라는 호칭으로 대용하여 불렀습니다. 이제 새언약에서 예수께서 그 새성함을 알려주신 것입니다(사 56:6).

5.3. 오직 예수의 이름으로

사도행전 1장에는 승천하시기 전, 예수님이 제자들에게 하신 중요한 말씀이 기록되어 있습니다.

> 4. 사도와 같이 모이사 저희에게 분부하여 가라사대 예루살렘을 떠나지 말고 내게 들은바 아버지의 약속하신 것을 기다리라 5. 요한은 물로 세례를 베풀었으나 너희는 몇 날이 못되어 성령으로 세례를 받으리라 하셨느니라 6. 저희가 모였을 때에 예수께 묻자와 가로되 주께서 이스라엘 나라를 회복하심이 이 때니이까 하니 7. 가라사대 때와 기한은 아버지께서 자기의 권한에 두셨으니 너희의 알바 아니요 8. 오직 성령이 너희에게 임하시면 너희가 권능을 받고 예루살렘과 온 유대와 사마리아와 땅 끝까지 이르러 내 증인이 되리라 하시니라 (사도행전 1장)

예수님은 제자들에게 성령을 받을 때까지 예루살렘을 떠나지 말고 기다리라고 하셨습니다. 그리고 성령을 받으면 '예루살렘과 온 유대와 사마리아와 땅 끝'까지 이르러 '내 증인'이 될 것이라고 말씀하셨습니다. '예루살렘과 온 유대와 사마리아와 땅 끝'은 온 세상을 의미합니다. 성경에서 세상의 중심은 예루살렘입니다(신 11:12). 그분의 증인들은 예루살렘에서 온 유대로, 사마리아로, 그리고 땅 끝까지 확대됩니다. 이 말씀대로 제자들은 몇 날이 못 되어 성령을 받았습니다. 그리고 예루살렘에서, 사마리아에서, 그리고 땅 끝까지 이르러 그 예수님의 증인이 됩니다(사 9:6).

5.3.1. 예루살렘에서 신자들이 받은 구원

예수님이 승천하신 후 제자들은 예수님의 증인이 되기 위해 예루살렘에 머물며 성령이 임하기를 기다리며 전심으로 기도하였습니다.

> 12. 제자들이 감람원이라 하는 산으로부터 예루살렘에 돌아오니 이 산은 예루살렘에서 가까와 안식일에 가기 알맞은 길이라 13. 들어가 저희 유하는 다락에 올라가니 베드로, 요한, 야고보, 안드레와 빌립, 도마와 바돌로매, 마태와 및 알패오의 아들 야고보, 셀롯인 시몬, 야고보의 아들 유다가 다 거기 있어 14. 여자들과 예수의 모친 마리아와 예수의 아우들로 더불어 마음을 같이 하여 전혀 기도에 힘쓰니라 15. 모인 무리의 수가 한 일백 이십 명이나 되더라 (사도행전 1장)

예수님이 승천하신지 열흘이 지난 오순절 날 제자들에게 성령이 임하셨습니다. 이제 예수님께서 말씀하신 대로 베드로와 열한 사도들은 증인의 역할을 시작합니다(행 2:1-4,14). 예수 그리스도의 증인으로서 베드로와 열한 사도가 예루살렘에서 선포한 위대한 진리가 있습니다.

> 36. 그런즉 이스라엘 온 집이 정녕 알찌니 너희가 십자가에 못 박은 이 예수를 하나님이 주와 그리스도가 되게 하셨느니라 하니라 37. 저희가 이 말을 듣고 마음에 찔려 베드로와 다른 사도들에게 물어 가로되 형제들아 우리가 어찌할꼬 하거늘 38. 베드로가 가로되 너희가 회개하여 각각 예수 그리스도의 이름으로 세례를 받고 죄 사함을 얻으라 그리하면 성령을 선물로 받으리니 39. 이 약속은 너희와 너희 자녀와 모든 먼데 사람 곧 주 우리 하나님이 얼마든지 부르시는 자들에게 하신 것이라 하고 (사도행전 2장)

마태복음 28장 16절에는 예수님을 경배하던 열한 제자 중에 의심하는 자들(some)이 있었다고 기록했습니다(마 28:17). 예수님은 모든 사람들의 마음을 홀로 다 아시는 분이며 경배 받으시기에 유일하신 분입니다(왕상 8:39; 요 21:17). 예수님은 의심하는 제자들도 성령을 받으면, 예수께서 그 유일하신 참 하나님이신 줄을 바로 알고 그 예수님의 증인이 될 것이므로 의도적으로 '아버지와 아들과 성령'을 언급하신 것입니다(19절).

참된 증인이 되는 즉시 베드로와 열한 사도는 분명하게 '이 예수께서 주(아도나이)와 그리스도가 되셨다'고 선언했습니다. 이 말씀에서 '주'는 십계명에 기록된 유일한 분 יהוה라는 성함을 대용한 '아도나이/퀴리오스'를 가리킵니다(욜 2:32; 행 2:21; 롬 10:13). 그 말씀을 받은 사람들 3천 명이 다 '아버지와 아들과 성령의 이름(the name)인 '예수 이름'으로 세례를 받았습니다. 아브람이라는 이름이 '아브라함'이 된 것처럼, יהוה께서 만왕의 왕 만주의 주님이시고(딤전 6:15,16; 계 17:14), יהוה이신 예수님의 지상명령(至上命令)은 반드시 어명(御命)대로 순종해야 합니다.

'아버지와 아들과 성령의 이름'이라는 표현이 물론 '예수'를 가리키지만 그 표현에는 정작 '예수'라는 성함이 들어 있지 않습니다. '나의 이름'이나 '그의 이름'이라는 표현도 물론 '예수'를 지칭하지만 정작 '예수'라는 이름은 들어 있지 않습니다. 세상에는 예수님이 아닌 자도 자기를 그리스도, 하나님, 아버지, 성령이라 하는 자들이 많이 있습니다. 그래서 '예수'라는 성함을 붙이는 것은 너무나도 중요합니다.

예수님을 가리키는 다른 많은 표현들이 있을 수 있습니다. 그렇지만 예수님을 가리키는 그 어떤 표현들도 '예수'라는 이름과 같을 수 없습니다. 기도를 예로 들어봅시다. 예수님을 칭하는 표현들은 수없이 많습니다.

하나님의 이름으로 기도합니다.
아버지의 이름으로 기도합니다.
주의 이름으로 기도합니다.
그리스도의 이름으로 기도합니다.
하나님의 아들의 이름으로 기도합니다.
아버지와 아들과 성령의 이름으로 기도합니다.
십자가에서 죽으신 어린양의 이름으로 기도합니다.
하나님과 사람 사이의 중보자의 이름으로 기도합니다.

이 모든 표현들 그리고 그 외에 더 많은 다른 표현들이 '예수'를 칭할 수 있습니다. 그러나 정작 '예수' 이름은 빠져 있습니다. 우리에게 주신 단 하나의 성함(聖銜)은 바로 '예수'입니다. 그래서 우리는 '예수의 이름으로' 기도합니다. 당연히 사도들도 '예수의 이름으로' 세례를 주었습니다.

만약 '아버지와 아들과 성령의 이름으로' 세례를 주는 것이 성경적이라면 '주의 이름으로' 세례를 주는 것도 성경적이라고 주장할 수 있습니다. '그리스도의 이름으로', '하나님의 아들의 이름으로', 또는 '어린양의 이름으로' 세례를 주는 것도 성경적이라고 인정해야 해야 될 것입니다. 나아가 '나의 이름으로', 또는 '그의 이름으로' 세례를 주는 것도 성경적이라고 주장할 수도 있을 것입니다. 그러나 '예수'라는 이름이 빠진 표현은 그 어떤 표현이라도 핵심이 빠진 표현입니다.

5.3.2. 사마리아 성에서 일어난 구원

사도행전 2장~7장은 예루살렘과 유대에서 복음이 전파되는 과정을 기록하고 있습니다. 사도행전 8장은 사마리아에 복음이 전파되는 과정을 정확하고 자세하게 보여줍니다. 사마리아는 유대인과 이방인의 사이의 중간지대였습니다. 선민이라고 자부하는 유대인들은 이방인들과 혼혈족이 된 사마리아인들을 천하게 여기고 멸시하며 상종하지도 않았습니다. 그런 사마리아인들에게도 복음이 전파되었습니다(행 8:1-5). 어떤 이들은 사람들이 예수님을 믿어 병든 자가 낫고 장애가 정상이 되고 귀신이 떠나가는 것을 복음이라 합니다. 물론 그것도 복음의 일부이지만 핵심은 아닙니다. 그런 것들은 예수께서 천국복음을 전파하기 전에도 있었습니다. 빌립이 사마리아에서 전파한 복음은 베드로와 열 한 사도가 예루살렘에서 전파한 복음과 동일한 은혜와 진리라는 말입니다.

12. 빌립이 하나님 나라와 및 예수 그리스도의 이름에 관하여 전도함을 저희가 믿고 남녀가 다 세례를 받으니 13. 시몬도 믿고 세례를 받은 후에 전심으로 빌립을 따라 다니며 그 나타나는 표적과 큰 능력을 보고 놀라니라 14. 예루살렘에 있는 사도들이 사마리아도 하나님의 말씀을 받았다 함을 듣고 베드로와 요한을 보내매 15. 그들이 내려가서 저희를 위하여 성령 받기를 기도하니 16. 이는 아직 한 사람에게도 성령 내리신 일이 없고 <u>오직 주 예수의 이름으로 세례만 받을 뿐이러라</u> 17. 이에 두 사도가 저희에게 안수하매 성령을 받는지라 (사도행전 8장)

빌립도 사마리아 성의 사람들에게 예수 그리스도의 이름에 관해서 전했고 세례를 전했습니다. 그 복음을 듣고 믿은 사람들이 세례를 받았습니다. 성경은 그들이 '주 예수의 이름으로' 세례를 받았다고 기록하고 있습니다. '아버지와 아들과 성령의 이름'이 아니고 '예수의 이름'으로 세례를 받았다고 기록되어 있습니다. 물론 죄사함을 받으려고 세례를 받은 것입니다. 예수님은 죄인들의 영혼을 저희 죄에서 구원하기 위해 오신 유일한 구원자이시고, 천하 인간에게 구원얻을 다른 이름을 주지 않으셨습니다(행 4:12). 천국 복음이란 죄와 사망이 지배하는 데에서 해방되어 하늘나라에 들어갈 수 있도록 거듭나게 해주는 약속/언약을 가리키는 것입니다.

사마리아의 사람들이 예수 이름으로 세례를 받았다는 소식을 듣고 베드로와 요한이 그곳에 내려와서 성령 받기를 위해서 기도하고 안수할 때 그들이 성령을 받았습니다. 그렇게 하여 오순절 날 예루살렘에서 베드로가 증거한 복음(사도행전 2:38)이 완전하게 성취되었습니다. 복음을 듣고 믿은 사마리아인들은 분명히 회개했을 것입니다. 그들은 예수 그리스도의 이름으로 세례를 받았고 죄사함을 얻은 상태였습니다. 그리고 하나님이 약속하신 선물인 성령을 그들에게 부어 주신 것입니다. 회개하고 세례를 받으면 성령을 선물로 받게 될 것이라고 베드로는 증거했습니다. 회개와 세례와 성령이 복음에서 아주 중요한 요소임을 알 수 있습니다. *(성령침례에 대해서는 다른 책에서 다룸)*

5.3.3. 이방인 고넬료의 가정에서 일어난 구원

예루살렘과 온 유대에 그리고 사마리아 성에 전파된 복음은 땅 끝까지 이르러 이방인들에게도 전파되어야 합니다. 사도행전 10장은 베드로를 통해서 이방인들에게 복음이 전파되는 놀라운 과정을 감동적으로 기록하고 있습니다. 이방인들에게도 복음을 전해야 하는 사실을 미처 깨닫지 못한 베드로에게 세 번이나 환상을 보여주시면서 하나님은 베드로를 이방인 고넬료의 가정으로 보내셨습니다. 동시에 하나님은 경건한 이방인인 고넬료에게 환상을 보여주시며 베드로를 집으로 초청하라고 하셨습니다. 그리하여 베드로가 몇몇 형제와 함께 고넬료의 집에 가서 복음을 전합니다.

34. 베드로가 입을 열어 가로되 내가 참으로 하나님은 사람의 외모를 취하지 아니하시고 35. 각 나라중 하나님을 경외하며 의를 행하는 사람은 하나님이 받으시는 줄 깨달았도다 … 43. 저에 대하여 모든 선지자도 증거하되 저를 믿는 사람들이 다 그 이름을 힘입어 죄 사함을 받는다 하였느니라 44. 베드로가 이 말 할때에 성령이 말씀 듣는 모든 사람에게 내려오시니 45. 베드로와 함께 온 할례 받은 신자들이 이방인들에게도 성령 부어 주심을 인하여 놀라니 46. 이는 방언을 말하며 하나님 높임을 들음이러라 47. 이에 베드로가 가로되 이 사람들이 우리와 같이 성령을 받았으니 누가 능히 물로 세례 줌을 금하리요 하고 48. 명하여 예수 그리스도의 이름으로 세례를 주라 하니라 저희가 베드로에게 수일 더 유하기를 청하니라 (사도행전 10장)

베드로가 복음을 전할 때 그 복음을 듣고 있던 사람들에게 하나님께서 성령을 부어 주셨습니다. 하나님께서 유대인들에게 성령을 부어 주신 것처럼 이방인들에게도 성령을 부어 주시는 것을 확인한 베드로는 고넬료와 그의 가족들에게 '예수 그리스도의 이름으로' 세례를 주라고 명합니다. 예루살렘에서도, 사마리아 성에서도, 이방인 고넬료의 가정에서도 모두 '예수 그리스도의 이름으로' 세례를 받은 것이 정확한 사실입니다.

예수님이 하신 말씀, 곧 '오직 성령이 너희에게 임하시면 너희가 권능을 받고 예루살렘과 온 유대와 사마리아와 땅 끝까지 이르러 내 증인이 되리라'는 말씀이 정확하게 성취되었습니다. 예루살렘과 온 유대에서, 사마리아 성에서, 그리고 이방인 고넬료의 가정에서 동일한 이름이 선포되었습니다. 그 복음을 듣고 믿은 사람들이 회개하고 '예수 그리스도의 이름으로' 세례를 받았습니다. 그리고 하나님의 약속하신 성령을 받았습니다. 어느 경우에도 '아버지와 아들과 성령의 이름으로' 세례를 주었다는 기록이 없습니다. 단 한 번의 예외도 없이 언제나 복음을 듣고 믿은 사람들은 오직 '예수의 이름으로' 세례를 받았습니다.

만약 성경에서 가장 중요한 단어를 하나만 선택한다면 그것은 바로 '예수'라는 이름일 것입니다. '예수 이름' 없는 신앙은 상상할 수도 없습니다. 우리에게 주신 가장 존귀한 이름이 바로 '예수'입니다. 천하 인간에게 구원 얻을 만한 다른 이름을 주신 일이 없습니다(행 4:12). 우리 모두 예수 이름을 힙입어 죄사함을 얻고, 구원을 얻고, 영생을 얻습니다.

오직 이것을 기록함은 너희로 예수께서 하나님의 아들 그리스도이심을 믿게 하려 함이요 또 너희로 믿고 그 이름을 힘입어 생명을 얻게 하려 함이니라 (요한복음 20:31)

저에 대하여 모든 선지자도 증거하되 저를 믿는 사람들이 다 그 이름을 힘입어 죄 사함을 받는다 하였느니라 (사도행전 10:43)

11. 이 예수는 너희 건축자들의 버린 돌로서 집 모퉁이의 머릿돌이 되었느니라 12. 다른 이로서는 구원을 얻을 수 없나니 천하 인간에 구원을 얻을 만한 다른 이름을 우리에게 주신 일이 없음이니라 하였더라 (사도행전 4장)

예수의 이름으로 수많은 기적이 일어나고 수많은 사람들이 예수의 이름으로 세례를 받는 일이 일어나자 대제사장들과 그 문중이 다 참여하여 베드로와 사도들을 잡아 가두고 협박하며 "뉘 이름으로 이 일을 행하였느냐?"고 묻습니다.

5. 이튿날에 관원과 장로와 서기관들이 예루살렘에 모였는데 6. 대제사장 안나스와 가야바와 요한과 알렉산더와 및 대제사장의 문중이 다 참예하여 7. 사도들을 가운데 세우고 묻되 너희가 무슨 권세와 뉘 이름으로 이 일을 행하였느냐 8. 이에 베드로가 성령이 충만하여 가로되 백성의 관원과 장로들아 9. 만일 병인에게 행한 착한 일에 대하여 이 사람이 어떻게 구원을 얻었느냐고 오늘 우리에게 질문하면 10. 너희와 모든 이스라엘 백성들은 알라 너희가 십자가에 못 박고 하나님이 죽은자 가운데서 살리신 나사렛 예수 그리스도의 이름으로 이 사람이 건강하게 되어 너희 앞에 섰느니라 (사도행전 4장)

그러자 베드로는 담대하게 '예수 그리스도의 이름으로' 기적이 일어났다고 대답합니다. 예수님은 승천하시고 이 땅에 사도들과 함께 계시지 않았지만 그들은 존귀와 권세와 능력의 이름인 '예수 이름'을 가지고 있었습니다. 대제사장들도 '예수 그리스도의 이름'의 능력과 권세를 깨닫게 되었습니다. 그리고 그들이 했던 일은 '예수의 이름으로 말하지도 말고 가르치지도 말라'는 것이었습니다.

17. 이것이 민간에 더 퍼지지 못하게 저희를 위협하여 이 후에는 이 이름으로 아무 사람에게도 말하지 말게 하자 하고 18. 그들을 불러 경계하여 도무지 예수의 이름으로 말하지도 말고 가르치지도 말라 하니 (사도행전 4장)

어떤 일을 하든 우리는 예수의 이름으로 하고 예수의 이름으로 가르쳐야 합니다. 예수의 죽음과 장사에 연합되는 것인 세례를 받을 때는 더더욱 말할 필요도 없이 '예수 이름으로' 받아야 합니다.

5.3.4. 땅 끝까지 이르러 내증인이 되리라

예수님을 부인하고 예수를 믿는 사람들을 지독하게 핍박하던 사울은 놀라운 환상과 기적을 통해 극적으로 예수님을 만난 후 예수님의 위대한 사도로 변화되었습니다. 그 후 사도 바울은 멀고 먼 이방 땅까지 이르러 예수의 증인이 되어 복음을 전합니다. 복음을 전할 때 사도 바울은 자신이 불렀던 그 이름으로 세례를 주었음을 알 수 있습니다.

12. 율법에 의하면 경건한 사람으로 거기 사는 모든 유대인들에게 칭찬을 듣는 아나니아라 하는 이가 13.내게 와 곁에 서서 말하되 형제 사울아 다시 보라 하거늘 즉시 그를 쳐다보았노라 14.그가 또 가로되 우리 조상들의 하나님이 너를 택하여 너로 하여금 자기 뜻을 알게 하시며 저 의인을 보게 하시고 그 입에서 나오는 음성을 듣게 하셨으니 15.네가 그를 위하여 모든 사람 앞에서 너의 보고 들은 것에 증인이 되리라 16.<u>이제는 왜 주저하느뇨 일어나 주의 이름을 불러 세례를 받고 너의 죄를 씻으라</u> 하더라 (사도행전 9장)

'주여 뉘시옵니까?'라고 물었던 바울 자신은 아나니아라는 예수님의 제자로부터 '주의 이름을 불러' 세례를 받았습니다. '주의 이름'은 무엇일까요? '주의 이름'은 물론 '예수'입니다. 바울은 '예수의 이름으로' 세례를 받았습니다. 사도행전 19장에는 바울이 에베소 지방에서 복음을 전하는 장면이 기록되어 있습니다. 바울이 전하는 복음을 들은 제자들도 '예수의 이름으로' 세례를 받았습니다.

4. 바울이 가로되 요한이 회개의 세례를 베풀며 백성에게 말하되 내 뒤에 오시는 이를 믿으라 하였으니 이는 곧 예수라 하거늘 5. 저희가 듣고 <u>주 예수의 이름으로 세례를 받으니</u> 6. 바울이 그들에게 안수하매 성령이 그들에게 임하시므로 방언도 하고 예언도 하니 (사도행전 19장)

'저희'는 예수님을 믿는 제자들이었고 요한의 세례를 받은 사람들이었습니다. 바울은 그들에게 '예수 이름으로' 다시 세례를 받으라고 했습니다. 바울은 '아버지와 아들과 성령의 이름으로'가 아니고 '예수 이름으로' 세례를 주었습니다.

사도 바울은 고린도 지방에서도 복음을 전하였고 많은 이들을 제자로 삼았습니다. 제자가 되려면 반드시 순종할 일이 있습니다.

또 회당장 그리스보가 온 집으로 더불어 주를 믿으며 수다한 고린도 사람도
듣고 믿어 세례를 받더라 (사도행전 18:8)

회당장 그리스보를 포함해서 수많은 고린도 사람들이 복음을 믿고 세례를 받았습니다. 이들은 누구의 이름으로 세례를 받았을까요? 이 경우에는 누구의 이름으로 세례를 받았는지 기록되어 있지 않습니다. 후에 바울이 고린도교회에게 보냈던 서신을 보면 고린도 사람들이 누구의 이름으로 세례를 받았는지 확인할 수 있습니다(고린도전서 1:13).

그리스도께서 어찌 나뉘었느뇨 바울이 너희를 위하여 십자가에 못 박혔으며
바울의 이름으로 너희가 세례를 받았느뇨 (고린도전서 1:13)

바울은 '바울이 너희를 위하여 십자가에 못 박혔으며 바울의 이름으로 너희가 세례를 받았느냐?'고 반문합니다. 바울의 이 말이 무엇을 의미하는지 아는 것은 어렵지 않습니다. 그것은 '예수께서 너희를 위하여 십자가에 못 박히셨으며 예수의 이름으로 너희가 세례를 받았다'라는 것입니다. 고린도교회의 형제들에게 하는 바울의 이 말은 예수의 이름으로 세례를 받는 것이 얼마나 중요한지 보여줍니다. 예수께서 죄인을 위해서 십자가에 못 박힌 것은 사실(fact)입니다. 그렇다면 신자가 할 일은 '예수의 이름으로' 세례를 받는 것입니다.

고린도교회의 몇몇 성도들은 누구의 이름으로 세례를 받았느냐보다 누구에게 세례를 받았느냐를 더 중요하게 생각했습니다. 성경은 누구에게 세례를 받았느냐가 중요한 것이 아니고 누구의 이름으로 세례를 받았느냐가 중요하다는 것을 강력하게 증거합니다.

사도 바울은 자신도 예수의 이름으로 세례를 받았고, 복음을 전할 때도 오직 예수의 이름으로 세례를 주었습니다. 그리고 사도 바울은 왜 '예수의 이름으로' 세례를 받아야 하는지에 대해서도 정확하게 알려 줍니다.

3. 무릇 그리스도 예수와 합하여 세례를 받은 우리는 그의 죽으심과 합하여 세례 받은 줄을 알지 못하느뇨 4. 그러므로 우리가 그의 죽으심과 합하여 세례를 받음으로 그와 함께 장사되었나니 (로마서 6장)

누구의 이름으로 세례를 받는 것이 예수 그리스도와 합하여 세례를 받는 것일까요? 누구의 이름으로 세례를 받을 때 예수님의 죽으심과 합하여 세례를 받는 것일까요? '합하여'라는 말은 헬라어로 '에이스'인데 '속으로'라는 의미입니다. 누구의 이름으로 세례를 받을 때 예수님과 함께 장사되는 것일까요? '예수의 이름으로' 세례를 받을 때 예수 그리스도와 합하여 (그리스도 속으로) 세례를 받는 것입니다. '예수의 이름으로' 세례를 받을 때 예수의 죽으심과 연합하는 것이고 예수와 함께 장사되는 것입니다. '연합한'이라는 헬라어는 '쉼퓌토스'인데 '함께 심겨진'이라는 의미입니다.

결론적으로, 성경은 베드로와 사도들도, 빌립도, 아나니아도, 사도 바울도 오직 '예수의 이름으로' 받는 세례를 전했다는 것을 확증해 주고 있습니다. 예루살렘교회나 유대교회나 사마리아교회나 안디옥교회나 로마를 비롯한 모든 교회가 예수 이름으로 세례를 받았습니다.

베드로가 가로되 너희가 회개하여 각각 예수 그리스도의 이름으로 세례를 받고 죄 사함을 얻으라 그리하면 성령을 선물로 받으리니 (사도행전 2:38)

이는 아직 한 사람에게도 성령 내리신 일이 없고 오직 주 예수의 이름으로 세례만 받을 뿐이러라 (사도행전 8:16)

명하여 예수 그리스도의 이름으로 세례를 주라 하니라 저희가 베드로에게 수일 더 유하기를 청하니라 (사도행전 10:48)

4. 바울이 가로되 요한이 회개의 세례를 베풀며 백성에게 말하되 내 뒤에 오시는 이를 믿으라 하였으니 이는 곧 예수라 하거늘 5. 저희가 듣고 주 예수의 이름으로 세례를 받으니 (사도행전 19장)

'예수'라는 이름 앞이나 뒤에는 다음에 볼 수 있는 것처럼 다양한 수식어가 올 수 있다는 사실도 참고해 볼 만 합니다.

주 예수
어린양 예수
나사렛 예수
나사렛 예수 그리스도
하나님의 아들 예수 그리스도
아버지와 아들과 성령이신 예수

이 모든 표현들에서 이름은 오직 '예수'뿐입니다. 다른 표현들은 이름이 아니고 예수님이 어떤 분이신지를 알려주는 수식어입니다. 기도할 때나 세례를 줄 때나 다른 표현들은 안 쓰더라도 '예수'라는 이름은 반드시 써야 할 절대적으로 필요한 것입니다.

5.4. 역사적인 문헌들의 증거

어떤 다른 증거가 없을지라도 성경이 증거하면 족합니다. 그런데 성경뿐만 아니라 다음의 역사 문헌들도 초대교회가 오직 '예수의 이름으로' 세례를 주었다는 사실을 확증합니다.

카네기 종교백과사전 53면:
2세기에 이르기까지 초대교회는 주 예수의 이름으로 세례를 주었다.

혜스팅스 종교백과사전 제2권 377면 & 389면:
세례는 예수 이름으로 주었다.
세례는 저스틴 마터(Justin Martyr)의 시대까지 언제나 주 예수의 이름으로 주어졌다.

혜스팅스 성서사전 88면:
초대교회의 경우, 마태복음 28장 19절의 삼중명칭을 사용한 것으로 나타나 있지 않으며 '예수의 이름', '예수 그리스도의 이름', '주 예수의 이름'이 사용되었다.

샤프-헤르조그 종교백과사전 제1권 435면:
신약교회에서는 예수의 이름으로 행하는 세례만 있을 뿐이다.

카톨릭 백과사전 제2권 263면:
카톨릭교가 예수 이름으로 주던 세례를 성부 성자 성신의 이름으로 주도록 바꾸었다.

브리태니카 백과사전 11판 제3권 356면:
세례는 2세기에 '예수 이름'으로부터 '성부 성자 성령의 이름'으로 바뀌었다.

아무리 많은 성경 외의 증거가 있을지라도 성경과 다르면 참된 증거가 될 수 없습니다. '예수 이름으로' 받는 세례가 성경적이라는 것은 너무나도 명백합니다. 세례를 받는 것은 예수의 죽음과 장사에 연합하는 것이기 때문에 당연히 예수의 이름으로 받아야 합니다. 예수의 이름을 힙입어야 죄사함을 얻게 됩니다. 우리는 무슨 일을 하든지 말에나 일에나 다 예수의 이름으로 합니다. 기도할 때나 안수할 때도 예수의 이름으로 합니다. 죄사함을 얻게 하는 세례를 받을 때는 더 더욱 예수의 이름으로 해야 하는데, 그 이름을 믿지 않는다면 벌써 심판을 받은 것입니다(요 3:18).

복음을 믿는다고 다 구원을 받는 것은 아닙니다. 사도 바울은 '다른 복음'을 경계합니다. 예수 그리스도의 복음을 변하게 하려는 사람들이 있다고 했습니다. 그리고 바울 자신 또는 천사라 할지라도 다른 복음을 전하면 저주를 받을 것이라고 경고합니다.

6. 그리스도의 은혜로 너희를 부르신 이를 이같이 속히 떠나 다른 복음 좇는 것을 내가 이상히 여기노라 7. 다른 복음은 없나니 다만 어떤 사람들이 너희를 요란케 하여 그리스도의 복음을 변하려 함이라 8. 그러나 우리나 혹 하늘로부터 온 천사라도 우리가 너희에게 전한 복음 외에 다른 복음을 전하면 저주를 받을찌어다 9. 우리가 전에 말하였거니와 내가 지금 다시 말하노니 만일 누구든지 너희의 받은 것 외에 다른 복음을 전하면 저주를 받을찌어다 10. 이제 내가 사람들에게 좋게 하랴 하나님께 좋게 하랴 사람들에게 기쁨을 구하랴 내가 지금까지 사람의 기쁨을 구하는 것이었더면 그리스도의 종이 아니니라 11. 형제들아 내가 너희에게 알게 하노니 내가 전(傳)한 복음(福音)이 사람의 뜻을 따라 된 것이 아니라 12. 이는 내가 사람에게서 받은 것도 아니요 배운 것도 아니요 오직 예수 그리스도의 계시(啓示)로 말미암은 것이라 (갈라디아서 1장)

사도 바울은 '우리가 너희에게 전한 복음'이 '그리스도의 복음'이라고 확증합니다. '참 사도인 우리에게서 받은 복음'이 참된 복음이라고 증거합니다. 참 복음을 떠나 다른 복음을 좇으면, 그리스도를 통해 그를 부르신 하나님을 떠나는 것이라 했습니다. 참 복음은 '예수 그리스도의 계시로 말미암은 것'이고 '하나님께서 기뻐하시는 것'입니다. 이 복음을 전하는 자가 '그리스도의 종'입니다. 그런데 자칭 사도들이 그리스도의 그 복음을 변질시켜 '다른 복음'을 전한다고 경고합니다. 사도 바울은 다른 복음을 전하는 자는 바울 자신이나 혹은 천사라도 저주를 받는다고 경고합니다. 다른 복음은 '사람의 뜻을 따라 된 것'이며 '사람에게서 받은/배운 것'이라고 말합니다. 다른 복음은 '사람의 기쁨을 구하는 것'이며 그런 복음을 전하는 자는 그리스도의 종이 아니라고 증거합니다. 성경적인 세례를 주는 것이 예수님이 부르시고 택하신 제자들의 소명입니다. 성경적인 세례를 받는 것이 성도가 받는 예수 그리스도의 은혜입니다.

6. 세례에 관한 오해와 의문

하나님의 진리는 모든 소유를 다 팔아 살 만한 극히 값진 진주 하나입니다(마 7:6; 13:46). 그러므로 진리를 찾는 사람들은 단 한 마디의 말씀이라도 깨닫게 될 때 그것을 많은 정금보다 더 사랑하며 귀중하게 여깁니다(시 19:9,10). 이런 사람들은 좁고 협착한 영생의 길과 문을 발견할 수 있습니다(마 7:13,14). 하나님은 간절히 찾고 구하는 자에게 만나 주십니다(렘 29:12-14).

그러나 바른 말씀을 가르쳐도 받아들이지 않는 사람들도 있습니다. 가장 뛰어난 스승이셨던 예수께서 큰 기사와 이적으로 가르치셨어도 믿는 자들은 진짜 적은 무리였습니다(눅 12:32). 오늘날도 어떤 이들은 사도들이 사역했던 초대교회 시대로 돌아가자고 말은 하면서도 사도들이 가르쳤던 중요한 진리를 외면하고 있습니다. 예수께서 아버지와 아들과 성령이시라는 진리와 예수 그리스도의 이름으로 침수세례를 받아야 구원을 받는다는 진리의 복음을 듣고 나서도, 하나님의 말씀을 따르려고 하기보다는 오히려 거절하고 앞뒤가 맞지 않는 반론을 제시하는 것을 봅니다. 그리스도의 종과 사람의 종은 그 말씀을 대하는 마음부터 다릅니다.

이제 사람의 유전과 전통보다는 진리를 더 사랑하고 간절히 찾는 분들을 위하여 세례에 관한 몇몇 오해와 의문에 대한 대답을 제시하겠습니다.

<아버지의 약속인 성령침례>, <유일하신 하나님과 그리스도>, <예수님께서 세우신 교회의 역사> 등의 다른 주제를 다룬 책자들을 읽으신다면 더욱 더 충만한 진리를 깨닫게 될 것입니다.

6.1. 오늘 네가 나와 함께 낙원에 있으리라

예수님이 십자가에 달리셨을 때, 강도 둘도 함께 십자가에 달렸습니다. 그들은 처음에는 둘 다 예수님을 비방하였으나(마 27:44) 그중 한 명이 예수께서 기도하신 후에 회개하여 '예수여 당신의 나라에 임하실 때 나를 생각하소서'라고 말했습니다(눅 23:42).

39. 달린 행악자 중 하나는 비방하여 가로되 네가 그리스도가 아니냐 너와 우리를 구원하라 하되 40. 하나는 그 사람을 꾸짖어 가로되 네가 동일한 정죄를 받고서도 하나님을 두려워 아니하느냐 41. 우리는 우리의 행한 일에 상당한 보응을 받는 것이니 이에 당연하거니와 이 사람의 행한 것은 옳지 않은 것이 없느니라 하고 42. 가로되 예수여 당신의 나라에 임하실 때에 나를 생각하소서 하니 43. 예수께서 이르시되 내가 진실로 네게 이르노니 오늘 네가 나와 함께 낙원에 있으리라 하시니라 (누가복음 23장)

그러자 예수님은 그 강도에게 '오늘 네가 나와 함께 낙원에 있으리라'고 대답하셨습니다. 이 강도는 예수 그리스도를 믿고 세례를 받았을까요? 성경에는 명시적으로 기록되어 있지 않으나 세례를 받지 않았을 것이라고 여겨집니다. 지금까지 성경을 통해 세례를 받지 않으면 구원을 얻을 수 없다는 것을 살펴보았습니다. 그렇다면 어떻게 이 강도는 세례를 받지도 않았는데 예수님과 함께 낙원에 들어갈 수 있을까요? 예수님의 이 말씀 때문에 구원을 얻기 위해서 세례를 꼭 받아야 되는 것은 아니라고 믿는 사람들이 있습니다. 예수님은 믿고 세례를 받는 자는 구원을 얻을 것이라고 말씀하셨습니다. 그런데 세례를 받지 않았을 강도에게 '오늘 네가 나와 함께 낙원에 있으리라'고 말씀하셨습니다. 예수님의 이 두 말씀은 서로 모순일까요? 예수님의 말씀은 서로 모순일 수 없습니다. 모순처럼 보이는 것은 바르게 이해하지 못하고 오해하기 때문입니다.

믿음을 이야기할 때 성경에는 먼저 떠오르는 사람들이 있습니다. 노아, 아브라함, 모세, 여호수아, 다윗 등이 믿음의 인물들입니다. 이 사람들은 예수 이름으로 세례를 받지 않았습니다. 이들은 죄에서 완전한 구원을 얻고 죽었을까요? 그들은 옛언약(구약)에 속한 사람들입니다. 사실 믿음의 조상 아브라함도 죽어서 음부로 들어갔습니다(눅 16:23). 그들은 예수께서 피를 흘려주실 때까지 의인의 영들이 쉬는 음부에서 예수님을 기다려 왔습니다. 예수의 이름으로 세례를 받고 죄사함을 얻는 것은 새로운 언약(신약)입니다. 새언약은 아들이신 예수 그리스도의 피를 통해서 주신 은혜와 진리의 복음입니다. 짐승의 피로 세운 옛언약은 새언약의 그림자이며 모형입니다. 예수께서 그들을 위해서도 죽으셨고 부활하실 때 그들을 사망과 음부에서 해방시키고 하늘로 데려가셨습니다(계 1:18; 엡 4:8).

그렇다면 십자가에서 예수님으로부터 '오늘 네가 나와 함께 낙원에 있으리라'는 말을 들었던 강도는 어느 언약에 속한 사람일까요? 다시 말해서 옛언약은 언제까지 유효하며 새언약은 언제부터 유효한 것일까요?

예수님이 태어났을 때부터 새언약이 시작되는 것일까요? 그렇지 않습니다. 왜냐하면 피흘림이 없으면 죄사함이 없기 때문입니다.

18. 이러므로 첫 언약도 피 없이 세운 것이 아니니 19. 모세가 율법대로 모든 계명을 온 백성에게 말한 후에 송아지와 염소의 피와 및 물과 붉은 양털과 우슬초를 취하여 그 책과 온 백성에게 뿌려 20. 이르되 이는 하나님이 너희에게 명하신 언약의 피라 하고 21. 또한 이와 같이 피로써 장막과 섬기는 일에 쓰는 모든 그릇에 뿌렸느니라 22. 율법을 좇아 거의 모든 물건이 피로써 정결케 되나니 피흘림이 없은즉 사함이 없느니라 23. 그러므로 하늘에 있는 것들의 모형은 이런 것들로써 정결케 할 필요가 있었으나 하늘에 있는 그것들은 이런 것들보다 더 좋은 제물로 할찌니라 24. 그리스도께서는 참 것의 그림자인 손으로 만든 성소에 들어가지 아니하시고 오직 참 하늘에 들어가사 이제 우리를 위하여 하나님 앞에 나타나시고 25. 대제사장이 해마다 다른 것의 피로써 성소에 들어가는 것 같이 자주 자기를 드리려고 아니하실찌니 26. 그리하면 그가 세상을 창조할 때부터 자주 고난을 받았어야 할 것이로되 이제 자기를 단번에 제사로 드려 죄를 없게 하시려고 세상 끝에 나타나셨느니라 27. 한번 죽는 것은 사람에게 정하신 것이요 그 후에는 심판이 있으리니 28. 이와 같이 그리스도도 많은 사람의 죄를 담당하시려고 단번에 드리신바 되셨고 (히브리서 9장)

첫 언약도 피를 통해서 세운 것이며 새언약도 피를 통해서 세운 것입니다. 첫 언약의 피는 송아지와 염소의 피였지만 새언약의 피는 예수 그리스도의 피입니다. 옛언약에 속한 사람들은 예수께서 정결한 피를 흘리시기 전까지는 완전한 죄사함을 얻지 못하고, 믿음으로 십자가를 바라보고 기다려 왔을 뿐입니다. 그러므로 예수님의 탄생과 함께 신약시대가 열린 것은 아닙니다. 아직 의인의 피흘림이 없기 때문입니다.

예수께서 새언약을 세우시고자 피를 흘리셨습니다. 그것은 옛언약을 자기의 육체로 폐하신 것이라 했습니다(엡 2:15; 골 2:14). 그 이유는 의문의 언약(법)이 아닌 신령한 법(언약)을 세우시기 위함입니다.

따라서 십자가에서 피를 흘리고 돌아가신 즉시 새언약이 시작된 것이 아닙니다. 복음은 예수 그리스도의 죽음과 장사만이 아니고 더 중요한 것은 사망을 이기신 부활이 있어야 합니다. 예수 그리스도께서 다시 사신 것이 없으면 우리는 여전히 죄 가운데 있을 것이라고 사도 바울이 말합니다(고린도전서 15:17-19). 예수님이 사망의 권세를 이기기 전에는 생명의 새언약이 시작될 수 없습니다.

17. 그리스도께서 다시 사신 것이 없으면 너희의 믿음도 헛되고 너희가 여전히 죄 가운데 있을 것이요 18. 또한 그리스도 안에서 잠자는 자도 망하였으리니 19. 만일 그리스도 안에서 우리의 바라는 것이 다만 이생 뿐이면 모든 사람 가운데 우리가 더욱 불쌍한 자리라 (고린도전서 15장)

예수님이 돌아가시고 부활하셔서 죄와 사망을 완전히 이기시기 전에는 새언약이 효력을 갖지 못합니다. 예수님의 죽으심과 장사에 연합되는 세례는 당연히 그분의 부활에도 연합되기 위함입니다. 따라서 십자가에서 구원을 얻은 강도는 새언약에 속하는 사람이 아닙니다. 그는 아브라함, 모세, 다윗과 마찬가지로 옛언약에 속하는 사람입니다. 아브라함, 모세, 다윗은 세례를 받지 않았지만 그리스도께서 오셔서 율법(옛언약)에서 얻은 의로움을 완전케 해 주셨기에 그들도 구원을 받았습니다(마 5:17).

그렇다면 새언약은 예수님이 부활하신 때부터 시작되는 걸까요? 그것을 알기 위해서는 먼저 새언약이 무엇인지 바로 이해하는 것이 필요합니다. 예수 그리스도를 통해서 하나님이 주신 새로운 약속은 무엇일까요?

예수님이 알려주신 새언약은 더 구체적입니다. '믿고 세례를 받으라 그리하면 구원을 얻을 것이다'입니다. 베드로는 이 언약을 더 분명하고 더 구체적으로 선포합니다.

38. 베드로가 가로되 너희가 회개하여 각각 예수 그리스도의 이름으로 세례를 받고 죄 사함을 얻으라 그리하면 성령을 선물로 받으리니 39. 이 약속은 너희와 너희 자녀와 모든 먼데 사람 곧 주 우리 하나님이 얼마든지 부르시는 자들에게 하신 것이라 하고 (사도행전 2장)

새언약은 '예수 그리스도의 이름으로 세례를 받고 죄사함을 얻으라 그리하면 성령을 선물로 받으리니'입니다. '이 약속'이 바로 새언약입니다. 예수 이름으로 세례를 받으면 죄사함을 얻게 됩니다. 그리하면 하나님이 성령을 선물로 주실 것입니다. 이것은 약속입니다. 예수 그리스도를 통해서 우리에게 주신 새언약입니다. 죄와 사망을 이기고 생명을 얻게 하는 언약이라는 말입니다.

> 3. 예수께서 대답하여 가라사대 진실로 진실로 네게 이르노니 사람이 거듭나지 아니하면 하나님 나라를 볼수 없느니라 4. 니고데모가 가로되 사람이 늙으면 어떻게 날 수 있삽나이까 두 번째 모태에 들어갔다가 날 수 있삽나이까 5. 예수께서 대답하시되 진실로 진실로 네게 이르노니 사람이 물과 성령으로 나지 아니하면 하나님 나라에 들어갈 수 없느니라 6. 육으로 난 것은 육이요 성령으로 난 것은 영이니 7. 내가 네게 거듭나야 하겠다 하는 말을 기이히 여기지 말라 (요한복음 3장)

거듭나지 않으면 하나님 나라를 볼 수 없다고 예수님이 말씀하셨습니다. 거듭나는 것은 무엇인가요? 예수님은 더 구체적으로 말씀하십니다. 물과 성령으로 나지 아니하면 하나님 나라에 들어갈 수 없다. 물은 예수 그리스도의 이름으로 받는 세례를 의미합니다. 모든 사람은 처음 태어날 때 모태의 양수(羊水) 안에서 육체로 태어납니다. 육체로 나는 자는 아담 안에서 다 사망 아래서 나는 것이라 했습니다(고전 15:22). 그러므로 물과 성령으로 날 때 사망 안에서 물침례를 통해 나오고, 성령으로 침례를 받을 때 예수 안으로 들어가 다시 나는 것입니다. 물과 성령으로 난다는 것은 (회개하고) 예수 이름으로 세례를 받고 (죄사함을 얻고) 하나님이 부어주시는 성령을 받는 것입니다.

그렇다면 정확하게 언제부터 이 언약이 시작되는 것인가요? 예수님이 돌아가시기 전이나 부활하시기 전에는 아무도 물과 성령으로 난 사람이 없습니다. 예수님이 승천하시고 열흘이 지난 오순절 날, 마침내 처음으로 물과 성령으로 나는 사건이 일어난 것입니다.

6.2. 오직 복음을 전케 하려 하심이니

사도 바울은 자신도 아나니아에게 세례를 받았고, 그 후 수많은 사람들에게 세례를 주었습니다. 요한의 세례를 받은 자들에게 예수 이름으로 다시 세례를 주기도 했습니다. 그리고 세례를 받는 것은 예수의 죽음과 장사에 연합하는 것이며 그리스도로 옷 입는 것이라고 증거했습니다.

　이제는 왜 주저하느뇨 일어나 주의 이름을 불러 세례를 받고 너의 죄를 씻으라 하더라 (사도행전 22:16)

　누구든지 그리스도와 합하여 세례를 받은 자는 그리스도로 옷입었느니라 (갈라디아서 3:27)

　너희가 세례로 그리스도와 함께 장사한바 되고 (골로새서 2:12)

그런데 그런 사도 바울이 고린도교회의 형제들에게 '그리스도께서 나를 보내심은 세례를 주게 하려 하심이 아니요 오직 복음을 전케 하려 하심'이라고 어떻게 들으면 전도를 하는 것이 더 중요하고 세례는 그렇게 중요한 것이 아니라고 오해할 만한 설명을 합니다.

　11. 내 형제들아 글로에의 집 편으로서 너희에게 대한 말이 내게 들리니 곧 너희 가운데 분쟁(分爭)이 있다는 것이라 12. 이는 다름 아니라 너희가 각각 이르되 나는 바울에게, 나는 아볼로에게, 나는 게바에게, 나는 그리스도에게 속한 자라 하는 것이니 13. 그리스도께서 어찌 나뉘었느뇨 바울이 너희를 위하여 십자가에 못 박혔으며 바울의 이름으로 너희가 세례(洗禮)를 받았느뇨 14. 그리스보와 가이오 외에는 너희 중 아무에게도 내가 세례를 주지 아니한 것을 감사하노니 15. 이는 아무도 나의 이름으로 세례를 받았다 말하지 못하게 하려 함이라 16. 내가 또한 스데바나 집 사람에게 세례를 주었고 그 외에는 다른 아무에게 세례를 주었는지 알지 못하노라 17. 그리스도께서 나를 보내심은 세례를 주게 하려 하심이 아니요 오직 복음(福音)을 전케 하려 하심이니 말의 지혜로 하지 아니함은 그리스도의 십자가가 헛되지 않게 하려 함이라 (고린도전서 1장)

바울의 이 말 때문에 많은 사람들이 세례가 구원에 꼭 필요한 것은 아니라고 생각합니다. 그런 사람들은 믿음이 중요하지 세례는 중요하지 않다고 생각합니다. 이런 주장, 이런 생각이 정말 성경적인지 살펴봅시다. 사도행전 22장 16절과 고린도전서 1장 17절은 서로 모순되는 것처럼 보입니다. 이 두 말씀이 정말 모순이라면 우리는 더 이상 사도 바울의 가르침을 신뢰할 수 없습니다. 나아가 성경을 하나님의 말씀이라고 인정할 수 없습니다. 말씀을 바로 이해한다면, 고린도전서 1장 17절과 사도행전 22장 16절은 서로 모순이 아님을 명백히 알게 됩니다. 중요한 것은 바울이 고린도 교회의 형제들에게 세례가 중요하지 않은 것처럼 들릴 수 있는 말을 한 이유 또는 배경을 이해하는 것입니다.

사도 바울이 고린도 지방에서 수다한 사람들에게 복음을 전하고 세례를 주었다는 것은 당시에 사람들은 누구나 잘 아는 사실입니다.

> 1. 이 후에 바울이 아덴을 떠나 고린도에 이르러 … 7. 거기서 옮겨 하나님을 공경하는 디도 유스도라 하는 사람의 집에 들어가니 그 집이 회당 옆이라 8. 또 회당장 그리스보가 온 집으로 더불어 주를 믿으며 수다한 고린도 사람도 듣고 믿어 세례를 받더라 (사도행전 18장)

바울의 복음을 듣고 수다한 고린도 사람들이 세례를 받았습니다. 그런데 바울은 스데바나 집 사람들에게 세례를 준 것 이외에 다른 사람들에게 세례를 주었는지 모르겠다고 말합니다. 사실 수다한 고린도 사람들이 바울에게 세례를 받았다 할지라도 바울이 그들을 다 기억할 수는 없을 것입니다. 게다가 바울이 복음을 전할 때 실라와 디모데, 누가(행 16:1,11,19)와 하나님을 공경하는 디도 유스도가 함께 했습니다(행 18:7). 그들 중 누군가가 고린도 사람들에게 세례를 주었다고 보는 것은 너무나 당연한 사실입니다. 여기서 '세례'를 받을 때 중요한 것이 무엇인지 생각해 봅시다. 세례에는 물이 필요합니다. 그리고 세례에는 예수의 이름이 필요합니다. 그리고 세례에는 세례를 받을 자의 믿음과 회개가 필요합니다. 그리고 세례를 주는 사람이 필요합니다. 스스로 세례를 받을 수 없기 때문입니다. 그리고 하나님이 세례를 주시는 것도 아니기 때문입니다. 세례를 주는 것은 하나님이 제자들에게 위임하신 것이며 사명인 동시에 특권입니다.

베드로와 사도들, 그리고 사도 바울 뿐만 아니라 빌립과 아나니아 같은 제자들도 모두 세례를 주는 위임을 받았고 그 사명을 수행하였습니다. 복음 전도자라면 누구나 그 사명을 받은 것입니다. 그러나 믿음과 회개와 물 그리고 예수 이름이 세례의 본질/핵심이지 누가 주느냐는 아닙니다. 오순절 날 예루살렘에서 3천 명이 세례를 받았습니다. 그들이 각각 누구에게 세례를 받았을까요? 그날 베드로가 대표로 복음을 전했습니다. 그리고 열한 사도와 다른 제자들이 베드로와 함께 있었습니다. 모두 120명 쯤 된다고 했습니다. 그날 세례를 받은 3천 명이 베드로에게 세례를 받았는지, 베드로와 열 한 사도에게 세례를 받았는지, 아니면 성령을 받은 120여 명의 제자들 중 누구에게 받았는지 알 수 없습니다. 성경에 구체적으로 기록되어 있지 않기 때문입니다. 예수 그리스도를 믿는 모든 제자들이 복음을 전하고 세례를 주는 사명을 받은 것은 맞지만 누가 세례를 주느냐 또는 누구에게 세례를 받느냐라는 것은 복음의 핵심이 아니라는 말입니다. 성경적인 복음을 전하는 제자라면 누구든지 세례를 줄 수 있고 또한 주어야 한다는 말입니다. 복음을 믿고 회개한 후 예수 그리스도의 이름으로 침수세례를 받는 것이 본질/핵심입니다.

그런데 고린도 교회의 제자들 사이에 본질/핵심이 아닌 것으로 인해서 분쟁이 일어났습니다. 그들 모두가 회개하고 예수의 이름으로 세례를 받은 그리스도의 제자들입니다. 그런데 그들은 누구에게 세례를 받았는지에 따라 나뉘었습니다. 바울에게 세례를 받은 자들이 있었고, 아볼로에게 세례를 받은 자들이 있었습니다. 또 어떤 자들은 베드로에게 세례를 받았습니다. 그들이 듣고 믿는 복음은 동일하고 그들이 받은 세례는 동일한데 어리석게도 그들은 누구에게 복음과 가르침을 들었는지, 누구에게 세례를 받았는지를 따지며 각자 사역자에게 속한 자라고 생각한 것입니다. 이런 상황을 알게 된 바울은 어찌 그리스도가 나뉘었느냐고 훈계합니다. 바울이 십자가에서 죽었느냐 바울의 이름으로 세례를 받았느냐고 반문합니다. 그리고 자신은 스데바나 집 사람에게 세례를 준 것 말고는 다른 사람에게 세례를 준 기억이 없다고 말합니다. 왜 이런 말을 했을까요? 바울에게 세례를 받았다고 주장하는 사람들도 예수 그리스도를 따라야 하고 베드로에게 세례를 받은 사람도 예수 이름으로 받았고 아볼로에게 세례를 받은 사람도 예수 그리스도의 한 몸의 지체이기 때문입니다.

베드로 사도가 보여주신 이에 대한 교훈을 실례를 들어보겠습니다. 베드로는 천국 열쇠를 받은 사도입니다. 그는 유대인들과 사마리아인들에게 천국 열쇠를 사용했던, 너무나 중요한 역할을 한 사도입니다. 그는 이방인을 위해서도 그 사명을 감당해야 할 사도입니다. 그래서 하나님은 베드로에게 세 번이나 환상을 보여주시며 그를 보내신 것입니다.

고넬료 가정은 이방인들 가운데서 특별히 처음으로 구원을 얻게 된 가정입니다. 고넬료는 로마의 군대 백부장으로서 이스라엘 나라를 지배하기 위해 주둔한 군인인데도 유대인들에게 매우 희생적인 사랑을 베푼 사람입니다(행 10:22). 그의 기도와 구제가 하나님께 상달되어 하나님께서 그의 집에 천사를 보내셔서, 베드로를 청하여 구원얻을 말씀을 들으라는 지시를 하실 정도로, 고넬료는 아주 경건한 자입니다(행 11:4).

그런데 주목할 만한 사실은 베드로가 설교할 때에 하나님께서 고넬료와 그 가족들에게 성령을 부어주셨다는 것입니다. 이방인들에게도 자기들과 같이 성령을 부어주심으로 구원을 확증해주시는 것을 본 베드로는 함께 갔던 유대의 형제들에게 이렇게 말합니다.

47 이에 베드로가 가로되 이 사람들이 우리와 같이 성령(聖靈)을 받았으니 누가 능히 물로 세례(洗禮) 줌을 금하리요 하고 48 명하여 예수 그리스도의 이름으로 세례를 주라 하니라 저희가 베드로에게 수일 더 유하기를 청하니라
(사도행전 10장)

베드로는 이와 같은 상황에서 당연히 자신이 세례를 주어야 한다고 생각하지 않았고 오히려 함께 갔던 형제들에게 고넬료 가족에게 세례를 주라고 부탁했습니다. 말씀 듣는 중에 성령을 받는 특별한 은혜를 받은 자입니다. 그런데도 고넬료에게 세례를 준 형제들 중에는 사도는 한 사람도 없었습니다. 그들은 이름조차 알려지지 않은, 어쩌면 무명의 형제들로 보입니다. 사실상 사도 바울이 고린도교회에게 이미 사도 베드로나 다른 이들이 했던 일을 그대로 따른 것입니다. 누가 세례를 주었느냐가 중요한 것이 아니라 누구의 이름으로 세례를 받았느냐가 중요한 것입니다.

6.3. 그 은혜를 인하여 믿음으로 말미암아 구원을 얻었나니

사도 바울은 에베소교회의 형제들에게 보내는 편지에서 구원이 은혜를 인하여 믿음으로 말미암아 오는 것이지 행위에서 난 것이 아니라고 증거합니다. 너무나 중요한 말씀이라고 우리 모두가 알고 있습니다. 사도 바울도 분명하게 그렇게 말씀하고 있습니다.

> 8. 너희가 그 은혜를 인하여 믿음으로 말미암아 구원을 얻었나니 이것이 너희에게서 난 것이 아니요 하나님의 선물이라 9. 행위에서 난 것이 아니니 이는 누구든지 자랑치 못하게 함이니라 (에베소서 2장)

그런데, 이 말씀을 읽을 때 어떤 사람들은 믿음으로 구원을 얻는 것이지 세례를 받음으로 구원을 받는 것이 아니라고 생각합니다. 그 이유는 세례를 믿음이 아니라 바울이 거부한 행위라고 여기기 때문입니다. 정말 세례는 믿음이 아니고 불필요한 행위일까요? 그리고 세례를 받지 않아도 믿음만으로 구원을 얻을 수 있는 걸까요?

사도 바울이 부정했던 '행위'란 어떤 행위인지를 바로 알아야 합니다. 바울이 구원을 믿음을 통해 은혜로 받는 것이라는 말씀에서 부정한 행위란 첫째는 '의로운 행위' 또는 '선행'입니다. 만일 세례가 선행이거나 의로운 행위라면 세례를 많이 받을수록 좋은 것이겠지요. 세례를 많이 받을수록 더 완전한 하나님의 의를 얻을 수 있게 될까요? 정말로 세례가 하나님으로부터 당연히 보상을 받아야 할 의로운 행위나 선행인가요? 세례를 받았다고 하나님께 자랑할 만하고, 보상을 요구할 만한 행위인가요? 누군가가 기도나 전도를 열심히 한다면, 또는 봉사나 헌금을 많이 한다면 그것은 자랑할 만한 행위일 수 있습니다.

세례는 자신이 죄인임을 인정하고 부끄러운 죄인인 자신을 죽이고 장사지내어 버리는 것이지 자랑이 아닙니다. 세례는 우리가 노력하고 수고해서 대가를 받는 것이 아닙니다. 세례가 '사람에게서 난 것'인가요 아니면 '하나님의 선물'인가요? 세례를 받고 죄사함을 얻는 것은 전적으로 하나님의 선물입니다. 예수님이 십자가에서 우리를 위해 죽으시지 않았다면 세례를 수백 번 받는다 해도 아무런 유익이 없습니다.

사도 바울이 말하는 '행위'는 '율법의 행위'를 의미합니다. 사도 바울은 여러 곳에서 율법의 행위로는 구원을 얻을 수 없다고 증거합니다.

20 그러므로 율법의 행위로 그의 앞에 의롭다 하심을 얻을 육체가 없나니 율법으로는 죄를 깨달음이니라 … 27 그런즉 자랑할 데가 어디뇨 있을 수가 없느니라 무슨 법으로냐 행위로냐 아니라 오직 믿음의 법으로니라 28 그러므로 사람이 의롭다 하심을 얻는 것은 율법의 행위에 있지 않고 믿음으로 되는 줄 우리가 인정하노라 (로마서 3장)

16. 사람이 의롭게 되는 것은 율법의 행위에서 난 것이 아니요 오직 예수 그리스도를 믿음으로 말미암는줄 아는고로 우리도 그리스도 예수를 믿나니 이는 우리가 율법의 행위에서 아니고 그리스도를 믿음으로서 의롭다 함을 얻으려 함이라 율법의 행위로서는 의롭다 함을 얻을 육체가 없느니라 (갈라디아서 2장)

예수 그리스도를 믿고 그와 연합하는 것은 율법(옛언약)에 속하는 행위가 아니고 은혜와 진리(새언약)에 속하는 믿음입니다(요 1:17). 세례를 받고 죄사함을 얻는 것은 율법의 행위가 아니고 은혜와 진리입니다. 세례를 받고 의롭게 되는 것은 모세로 말미암아 주신 것이 아니고 예수 그리스도로 말미암아 온 것입니다. 예수 그리스도가 우리를 위해서 죽으시고 장사되시고 부활하셨다는 것을 믿는 것은 물론 믿음입니다. 그리고 그것을 믿고 회개하고 세례를 받는 것도 믿음입니다. 예수를 믿고 물과 성령으로 거듭나고 예수님의 말씀대로 순종하며 거룩한 삶을 사는 것이 믿음으로 사는 것입니다. 믿음은 마음으로 믿는 것으로 시작되지만 믿음을 따라 순종하는 것이기에 '오직 나의 의인은 믿음으로 산다'라고 말합니다(롬 1:17; 갈 3:11; 히 10:39). 아브라함이 하나님의 말씀을 순종하여 가나안 땅으로 갔지만, 거기서 우상숭배로 살았다면 믿음의 조상이 되었을까요? 믿음으로 애굽에서 나온 모세가 약속의 땅 앞에서 우상숭배를 했다면 믿음으로 산 것일까요? 진실한 믿음은 어떤 믿음일까요? 마음으로만 믿는 믿음이 참된 믿음일까요, 그 믿음을 순종하는 것이 참된 믿음일까요? 사도 야고보는 행함이 없는 믿음을 죽은 믿음이라고 했습니다.

17. 이와 같이 행함이 없는 믿음은 그 자체가 죽은 것이라 18.혹이 가로되 너는 믿음이 있고 나는 행함이 있으니 행함이 없는 네 믿음을 내게 보이라 나는 행함으로 내 믿음을 네게 보이리라 19.네가 하나님은 한 분이신 줄을 믿느냐 잘하는도다 귀신들도 믿고 떠느니라 20.아아 허탄한 사람아 행함이 없는 믿음이 헛 것인줄 알고자 (야고보서 2장).

야고보는 행함없는 믿음은 귀신들도 갖는 믿음이라 했습니다(약 2:19). 뿐만 아니라 행함없는 믿음은 영혼없는 몸과 같이 죽은 것이라 했습니다(약 2:26). 회개하고 세례를 받으면 죄사함을 얻을 것이라는 말씀을 단지 믿기만 하고 믿음으로 순종하지 않는다면 참으로 어리석은 일입니다. '믿고 세례를 받는 사람은 구원을 얻으리라'는 말씀을 진실로 믿는 사람이라면 누구나 예수님께서 약속해 주신대로 믿고 세례를 받을 것입니다. 약속을 믿는다고 하면서 약속이 무엇인지도 모르는 자는 약속에 참여할 수 없고, 약속을 알면서도 지키지 않는 자도 약속과 상관이 없습니다.

회개하고 세례를 받음으로써 죄사함을 얻는다는 것은 그 무엇과도 비교할 수 없는 그리스도의 은혜입니다. 아무 공로없이 거저 얻는 은혜입니다. 만일 3일 동안 금식기도를 한 후에 세례를 받으라고 했거나 3개월 동안 철야기도를 한 후에 받으라고 했거나, 3년 동안 새벽기도를 다닌 후에 받으라고 했거나, 소유의 절반을 바친 후에 세례를 받으라고 했다면 순종하지 못할 사람도 많을 것입니다. 세례는 율법의 행위가 아니며, 세례는 우리 자신의 선한 행위(善行)도 아니며, 고행(苦行)도 아닙니다. 예수님은 복음대로 믿고 회개하여 세례를 받으면 죄사함을 얻는다고 하셨습니다. 예수 이름으로 세례를 받음으로 죄사함을 얻는 것은 어린양을 바치는 것보다 쉽고 가벼운 멍에이며, 거저 주시는 은혜임이 틀림없습니다. 그럼에도 불구하고 물속에 잠기는 세례를 받는 것이 매우 불편하고 힘든 일이라고 생각하는 사람들이 있습니다. 그냥 마음으로 믿으면 죄사함을 얻는다고 했다면 그런 불편한 수고를 하지 않아도 될 것이라고 생각하는 사람들이 있습니다. 예수께서 우리 대신 죽으시고 장사되시고 부활하신 것이 그저 마음의 생각이나 말로만 하신 것이 아니듯이, 우리가 그분의 죽으심과 장사에 연합되는 것도 말로만 되는 것이 아니요, 주 예수님께서 언약으로 정하신 것이므로 순종치 않을 수 없습니다(요 3:36).

1. 온 백성이 요단 건너기를 마치매 여호와께서 여호수아에게 일러 가라사대 … 4. 여호수아가 이스라엘 자손 중에서 매 지파에 한 사람씩 예비한 그 열 두 사람을 불러서 5. 그들에게 이르되 요단 가운데 너희 하나님 여호와의 궤 앞으로 들어가서 이스라엘 자손들의 지파 수대로 각기 돌 한개씩 취하여 어깨에 메라 6. 이것이 너희 중에 표징이 되리라 후일에 너희 자손이 물어 가로되 이 돌들은 무슨 뜻이뇨 하거든 7. 그들에게 이르기를 요단 물이 여호와의 언약궤 앞에서 끊어졌었나니 곧 언약궤가 요단을 건널때에 요단 물이 끊어졌으므로 이 돌들이 이스라엘 자손에게 영영한 기념이 되리라 하라 (여호수아 4장)

하나님이 행하시는 수많은 엄청난 기적을 직접 목격했음에도 불구하고 이스라엘 백성은 상황이 어려워지면 하나님을 잊어버리고 하나님의 능력을 의심했습니다. 마침내 그들은 하나님의 능력과 기적으로 마른 땅을 밟으며 요단강을 건너게 되었습니다. 하나님은 요단강 한 가운데서 돌 열두개를 취하라고 하셨습니다. 그리고 그 돌이 '너희와 너희 자손에게 영원한 표징이 되며 기념이 되리라'고 하셨습니다. 그 돌들이 있는 한, 그 돌들을 보는 한 그들은 하나님이 요단강에서 행하신 일을 잊을 수도 없고 부정할 수도 없습니다. 그 돌들이 이스라엘 자손에게 영영한 증표가 되듯이, 우리가 믿음으로 회개하여 세례를 받음으로써 죄사함을 얻는 것은 죄를 씻고 의인으로 살아가는 자들에게 영영한 증표가 됩니다.

우리는 다른 사람의 마음을 온전히 알지 못합니다. 우리 자신의 마음도 온전히 알지 못합니다. 오직 하나님만 모든 사람의 마음을 다 아십니다. 그런 우리에게 하나님이 주신 새언약의 세례는 얼마나 놀랍고 확실한 증표인지 모릅니다. 이보다 더 확실한 증표가 있을까요?

주는 계신 곳 하늘에서 들으시고 사유하시며 각 사람의 마음을 아시오니 그 모든 행위대로 행하사 갚으시옵소서 주만 홀로 인생의 마음을 다 아심이니이다 (열왕기상 8:39)

마음을 열면, 믿기만 하라고 하지 않으시고, 믿고 회개하여 세례를 받으라고 하신 말씀이 얼마나 우리에게 복된 것인지 알 수 있습니다.

6.4. 예수님을 믿고 수많은 기적을 체험했다면 구원 받은 증거가 아닌가요?

빌립이 사마리아 성에서 복음을 전할 때 많은 표적과 기사가 일어났습니다. 많은 사람에게 붙었던 귀신들이 떠났습니다. 중풍병자와 앉은뱅이가 낫는 기적이 있었습니다(행 8:5-8).

복음을 전할 때 그리고 복음을 듣고 믿을 때 표적과 기사가 일어나는 것은 하나님의 큰 은혜입니다. 사마리아의 사람들은 아무에게나 일어나는 것이 아닌, 아주 특별하고 놀라운 하나님의 기적과 표적을 직접 체험하는 은혜를 받았습니다. 그런데, 이런 사람들은 세례를 받지 않아도 이미 구원을 받은 것이라고 생각하는 사람들이 있습니다. 그렇다면 사마리아인들이 실제로 세례를 받지 않았을까요? 이어지는 말씀들을 살펴보면 이들 모두 믿고 세례를 받았다는 것을 알 수 있습니다.

> 빌립이 하나님 나라와 및 예수 그리스도의 이름에 관하여 전도함을 저희가 믿고 남녀가 다 세례를 받으니 (사도행전 8:12)

이 사람들은 하나님이 행하시는 기적도 체험했고 세례도 받았습니다. 그렇다면 이들이 죄사함과 구원을 얻는 것은 무엇 때문일까요? 기적을 체험했기 때문일까요 아니면 세례를 받았기 때문일까요? 아니면 둘 다일까요? 성경의 여러 곳에서 세례를 받으면 죄사함/구원을 얻는다고 기록되어 있지만 기적이나 표적을 체험하면 죄사함/구원을 얻는다고 기록된 경우는 단 한 군데도 없습니다. 따라서 기적이나 표적으로 인해서 죄사함을 얻는 것이 아니며 오직 회개하고 예수 그리스도의 이름으로 세례를 받음으로 죄사함을 얻는다는 것이 성경적인 진리입니다.

단순히 기적을 체험한 것으로도 죄사함과 거듭남을 얻는다면 구약성도들에게 일어났던 기적들은 어떠했습니까? 노아에게 일어난 기적, 아브라함과 사라에게 일어난 기적, 애굽에서 모세를 통해 일어난 기적, 홍해를 건너는 기적, 여호수아를 통해 태양이 멈추는 기적, 만나의 기적, 요단강의 기적, 죽은 자들이 살아나는 기적, 그 외에 수많은 기적들이 있었지만 예수님의 죽음, 장사, 부활에 연합한 자는 하나도 없었습니다.

베드로가 이방인 고넬료의 가정에 복음을 전할 때도 마찬가지입니다. 고넬료는 하나님을 경외하며 백성을 구제하고 항상 기도하는 사람이었습니다. 그는 율법의 말씀대로 하나님을 사랑하고 이웃을 사랑하는 자였고, 늘 기도하는 중에 환상까지 본 자였습니다(행 10:1-5). 어느 날 고넬료는 환상 중에 하나님의 사자가 나타나 '네 기도와 구제가 하나님께 상달되었으니 사람들을 욥바에 보내어 베드로를 청하라'는 메시지를 받았습니다. 하나님의 사자인 천사의 음성을 직접 듣는다는 것은 아주 놀라운 기적입니다. 그러나 그 기적은 죄사함이나 구원과 관계가 없습니다. 하나님께서 베드로를 청하여 '구원얻을 말씀을 들으라'고 지시하셨습니다.

> 13 그가 우리에게 말하기를 천사가 내 집에 서서 말하되 네가 사람을 욥바에 보내어 베드로라 하는 시몬을 청하라 14 그가 너와 네 온 집의 구원 얻을 말씀을 네게 이르리라 함을 보았다 하거늘 15 내가 말을 시작할 때에 성령이 저희에게 임하시기를 처음 우리에게 하신 것과 같이 하는지라 16 내가 주의 말씀에 요한은 물로 세례 주었으나 너희는 성령으로 세례받으리라 하신 것이 생각났노라 17 그런즉 하나님이 우리가 주 예수 그리스도를 믿을 때에 주신 것과 같은 선물을 저희에게도 주셨으니 내가 누구관대 하나님을 능히 막겠느냐 하더라 (사도행전 11장)

베드로가 복음을 전할 때 그곳에 모인 모든 사람들에게 성령이 임하셨고 예수 그리스도의 이름으로 세례를 받았습니다(행 10:43-48). 고넬료는 천사의 말대로 베드로를 청하여 복음을 듣고 믿음을 통해서 죄사함의 구원과 거듭남을 얻었습니다.

사도 바울은 '유대인은 표적(기적)을 구하고 헬라인은 지혜(철학)를 구하나 우리는 십자가에 못박힌 그리스도를 전하니 유대인에게는 거리끼는 것이요 이방인(헬라인)에게는 미련한 것이로되 오직 부르심을 입은 자들에게는 유대인이나 헬라인에게 십자가의 도는 하나님의 구원의 능력이요 하나님의 지혜라'고 했습니다(고전 1:22-24). 이 말씀은 바로 십자가의 도(고전 1:18) 즉 누가 너희를 위해 십자가에 못 박혔고, 누구의 이름으로 세례를 받았느냐는 말씀 뒤에 설명한 것입니다(고전 1:13).

따라서 하나님께서 얼마든지 부르시는 자들에게는 유대인이나 헬라인이나 차별이 없이 베드로와 열한 사도가 증거한 복음이 차별도 변함도 없는 구원의 도가 된다는 사실을 깨달아야 합니다(행 2:36-41).

하나님을 믿지 않는 사람들에게도 기적과 표적이 일어날 수 있습니다. 진리를 믿지 않는 이들에게도 이적과 능력이 나타나기도 합니다. 사마리아 성의 시몬이라는 마술사도 그런 사람이었습니다.

> 9. 그 성에 시몬이라 하는 사람이 전부터 있어 마술을 행하여 사마리아 백성을 놀라게 하며 자칭 큰 자라 하니 10. 낮은 사람부터 높은 사람까지 다 청종하여 가로되 이 사람은 크다 일컫는 하나님의 능력이라 하더라 11. 오래 동안 그 마술에 놀랐으므로 저희가 청종하더니 12. 빌립이 하나님 나라와 및 예수 그리스도의 이름에 관하여 전도함을 저희가 믿고 남녀가 다 세례를 받으니 13. 시몬도 믿고 세례를 받은 후에 전심으로 빌립을 따라 다니며 그 나타나는 표적과 큰 능력을 보고 놀라니라 (사도행전 8장)

시몬은 '하나님의 능력'이라고 불릴 만큼 오랫동안 기적을 행하여 백성들을 놀라게 하였습니다. 이 기적은 예수 그리스도의 복음과 관계가 없는 마술이었습니다. 그런 시몬도 복음을 듣고 나서 믿고 세례를 받았습니다.

거짓 선지자도 많은 기적과 이사를 행하지만 그 기적의 목적은 순진한 신자들을 속여 구원을 받지 못하게 하는 것이라 했습니다.

> 1. 너희 중에 선지자나 꿈 꾸는 자가 일어나서 이적과 기사를 네게 보이고 2. 네게 말하기를 네가 본래 알지 못하던 다른 신들을 우리가 좇아 섬기자 하며 이적과 기사가 그 말대로 이룰찌라도 3. 너는 그 선지자나 꿈 꾸는 자의 말을 청종하지 말라 이는 너희 하나님 여호와께서 너희가 마음을 다하고 성품을 다하여 너희 하나님 여호와를 사랑하는 여부를 알려하사 너희를 시험하심이니라 … 8. 너는 그를 좇지 말며 듣지 말며 긍휼히 보지 말며 애석히 여기지 말며 덮어 숨기지 말고 9. 너는 용서 없이 그를 죽이되 죽일 때에 네가 먼저 그에게 손을 대고 후에 뭇 백성이 손을 대라 10. 그는 애굽 땅 종 되었던 집에서 너를 인도하여 내신 네 하나님 여호와에게서 너를 꾀어 떠나게 하려한 자니 너는 돌로 쳐 죽이라 (신명기 13장)

복음을 믿을 때 기사와 이적이 나타날 수 있지만 진리의 복음은 기사와 이적만으로 판단할 수 있는 것이 아닙니다.

예수 그리스도를 바로 믿지 않는 이들, 예수께서 도무지 알지 못하신다는 자들을 통해서도 기사와 이적이 나타날 수 있습니다. 복음을 믿는다고 하지만 진리의 복음이 아닌, 다른 복음을 믿는 이들에게도 기사와 이적이 나타날 수 있습니다.

> 21. 나더러 주여 주여 하는 자마다 천국에 다 들어갈 것이 아니요 다만 하늘에 계신 내 아버지의 뜻대로 행하는 자라야 들어가리라 22. 그 날에 많은 사람이 나더러 이르되 주여 주여 우리가 주의 이름으로 선지자 노릇하며 주의 이름으로 귀신을 쫓아내며 주의 이름으로 많은 권능을 행치 아니하였나이까 하리니 23. 그때에 내가 저희에게 밝히 말하되 내가 너희를 도무지 알지 못하니 불법(不法)을 행하는 자들아 내게서 떠나가라 하리라 24. 그러므로 누구든지 나의 이 말을 듣고 행하는 자는 그 집을 반석(磐石) 위에 지은 지혜로운 사람 같으리니 25. 비가 내리고 창수가 나고 바람이 불어 그 집에 부딪히되 무너지지 아니하나니 이는 주초를 반석 위에 놓은 연고요 26. 나의 이 말을 듣고 행치 아니하는 자는 그 집을 모래 위에 지은 어리석은 사람 같으리니 (마태복음 7장)

그 날에 '많은' 사람들이 "주의 이름으로 귀신을 쫓아내며 주의 이름으로 많은 권능을 행하였다"고 예수님에게 자랑스럽게 말할 것입니다. 예수의 이름으로 선지자 노릇하며 예수의 이름으로 귀신을 쫓아내며 예수의 이름으로 많은 권능을 행한 사람들입니다. 그들은 아마도 '하나님의 위대한 종'이라는 칭찬을 많이 들었겠지요? 그런데 예수님의 말씀은 놀라울 정도로 냉정합니다. '내가 너희를 도무지 알지 못하니 불법을 행하는 자들아 내게서 떠나가라.' 분명한 것은 이들이 사람들에게는 위대한 선지자로 보일지는 몰라도 예수님께서 보실 때는 불법을 행하는 거짓 선지자라는 말입니다(마 7:13-15). 예수님은 사도와 제자들에게 '믿고 세례를 받는 사람은 구원을 얻을 것이요 믿지 않는 사람은 정죄를 받으리라'고 말씀하셨습니다. 또한 '진실로 진실로 네게 이르노니 사람이 물과 성령으로 나지 아니하면 하나님 나라에 들어갈 수 없느니라'고 말씀하셨습니다.

아무리 많은 기적을 행하고 선지자 노릇을 했다고 해도 믿고 세례를 받지 않았다면, 그래서 예수님의 죽음과 장사에 연합하지 못했다면, 그리고 죄사함을 얻지 못했다면, '나의 이 말을 듣고 행치 아니하는 자'입니다. 예수 그리스도의 복음을 믿고 순종하는 것이 많은 이적과 권능을 체험하는 것보다 더 중요합니다. '예수 이름으로 세례를 받는 것'이 '예수 이름으로 귀신을 쫓아내고 예수 이름으로 많은 권능을 행하는 것'보다 더 중요합니다. 예수께서 사도들에게 주신 지상명령은 '가서 나의 증인이 되고 복음을 모든 족속에게 전하여 제자를 삼고 세례를 주라. 믿고 세례를 받는 사람은 구원을 받을 것이요 믿지 않는 사람은 정죄(내가 너희를 도무지 모르니 불법자들아 내게서 떠나라)를 받을 것이다. 너희가 뉘 죄든지 사하여 주면 무슨 죄든지 사하여 질 것이요 너희가 뉘(아무리 기적을 많이 체험하였거나 행한 자) 죄라도 그대로 두면 그대로 있으리라'라고 말씀하신 것의 일부라도 잊어버리거나 무시해서는 안 될 것입니다.

특별히 예수께서 재림하실 때가 가까이 올수록 더 많은 적그리스도들이 나타날 것이라 했습니다(요일 2:18). 적그리스도는 온갖 기적으로 택하신 자라도 유혹하여 거짓말을 믿게 할 것이라 경고했습니다(살후 2:9-15). 이는 하나님께서 허락하시기 때문에 일어나는데, 하나님은 누군가가 진리를 사랑하고 따르는지 단순히 자신의 육체와 세상적인 유익을 따르는지 시험하시는 것이라 했습니다.

하나님의 말씀은 일점일획도 떨어지지 않고 다 이룰 것이라고 말씀하셨습니다. 그 말씀 중에 세례는 너무나 중요한 자리를 가졌다고 예수님과 사도들과 초대교회와 성경 말씀이 증거합니다. 누구든지 온 마음으로 하나님의 말씀을 사랑한다면 당연히 이 중요한 진리에 대해서도 보다 완전하게 성경말씀대로 순종할 것이라고 확신합니다.

하나님의 은혜가 예수 그리스도로 말미암아 독자들께 가득하시길 진심으로 기도드립니다.

샬롬

지 은 이 : 정 용 길 박사

서울대학교 (문학사, 문학석사)
University of Washington (문학박사)
현재 서울여자대학교 영문학 교수

발 행 인 : 정 중 택
출 판 사 : 도서출판 **생명나무**
발 행 일 : 2020년 12월 20일
표지디자인 : 정 예 슬

정가 : 본서의 뒤표지에 있습니다.
주소 : 서울 관악구 은천로 25길 27
전화 : 02) 872-6193, 010-4414-6193
acts238@hanmail.net
파본은 바꾸어드립니다.